2023年度内蒙古警察职业学院学术著作出版基金资助出版项目（NMJYZZJJ-202302）

当代社会交往理性研究

赵淑辉◎著

吉林大学出版社

·长春·

图书在版编目（CIP）数据

当代社会交往理性研究 / 赵淑辉著. -- 长春 ：吉
林大学出版社，2024.1
ISBN 978-7-5768-2761-3

Ⅰ. ①当… Ⅱ. ①赵… Ⅲ. ①社会交往－理性－研究
Ⅳ. ①C912.3

中国国家版本馆CIP数据核字(2023)第242570号

书　　　名	当代社会交往理性研究	
	DANGDAI SHEHUI JIAOWANG LIXING YANJIU	
作　　　者	赵淑辉	
策划编辑	朱　进	
责任编辑	周春梅	
责任校对	蔡玉奎	
装帧设计	王　强	
出版发行	吉林大学出版社	
社　　　址	长春市人民大街4059号	
邮政编码	130021	
发行电话	0431-89580028/29/21	
网　　　址	http://www.jlup.com.cn	
电子邮箱	jldxcbs@sina.com	
印　　　刷	三河市龙大印装有限公司	
开　　　本	787mm×1092mm　　1/16	
印　　　张	9.5	
字　　　数	145千字	
版　　　次	2024年1月　　第1版	
印　　　次	2024年1月　　第1次	
书　　　号	ISBN 978-7-5768-2761-3	
定　　　价	49.00元	

前 言

当代社会交往困境的全面呈现，引发了我们对交往问题的高度关注。交往问题的实质关涉人的交往理性。选择"交往理性"作为研究的主题，就要对当代社会交往实践中存在的异化现象进行历史的、辩证的剖析，认清交往理性在交往活动中的核心地位以及交往理性对社会发展的作用。同时，提出当代理想交往理性的建构思路，矫正现实交往的异化，为人的自由全面发展提供一个交往的视角和路径。本书从文化哲学的角度，对以下几方面的问题展开了讨论。

一是交往理性的理论解读。作为开篇，其主要是围绕着"交往理性"范畴的学理展开的论述。其中包括以下几个部分：首先阐述了交往理性的本质、交往理性的特征，分析了交往理性的文化生成。从人的文化本质、交往的主客体关系、交往的价值维度和民族的文化精神四个方面分析了交往理性的文化构成，进而从文化环境、人性需要、文化养成和文化认同方面阐述了交往理性的文化生成机制。总结和归纳了马克思与哈贝马斯关于交往理性的理论建树。

二是交往理性的历史与文明价值。围绕这一问题本书从四个方面展开了讨论：一是交往理性的历史发展轨迹；二是交往理性对人的全面发展的价值；三是交往理性对社会发展的价值；四是交往理性对思想政治教育的价值。其逻辑思路是：按照社会的文明进程，阐述从远古时代交往理性的萌生到传统社会交往理性的成熟，再到现代社会交往理性的超越的发展历程，揭示了不同文明形态社会交往理性的状况；探讨了交往理性在对人的思维方式的影响、引导人生境界的提升和建构和谐的人际关系三方面的价值；在此基础上讨论了交往理性对社会经济、政治和文化和谐发展的价值；最后阐释了交往理性对思想政治教育的意义或价值。

三是对当代社会现实交往理性的审视。包括三方面内容：一是当代社会现实交往困境，在此对当前我国社会交往困境和个人生活交往困境进行了理论和案例分析；二是当代社会现实交往理性缺失，其中分析了交往价值维度的误区、交往主体性的不完善、交往道德理性的弱化和人伦传统对交往理性的干扰；三是对现实交往理性的文化反思，讨论了我国传统文化对当代交往理性形成的影响。

四是对当代社会交往理性的文化建构。其一，分析了交往理性在当代社会应当具备的优良品格，即自觉的价值追求、自为主体的意识、兼容的文化品格；其二，提出了当代社会交往理性文化建构的主要内容，包括健康积极的主体意识、诚实守信的道德意识、平等的人格意识、相互尊重的社交意识、互惠互利的市场意识；其三，提出了当代交往理性文化培育的路径，主要有社会交往环境的文化塑造、知识教育中交往理性的传输、儿童交往理性的早期启蒙、强化思想政治教育交往性、交往道德调控机制的建立和交往理性的主体实践锻炼；其四，交往理性的自我评价和社会评价问题。

目 录

绪 论

一、当代社会交往理性问题的提出

（一）现实交往的异化

当代社会交往困境的全面呈现，引发了我们对交往问题的高度关注。当今社会已进入了全球化时代，尤其是交往全球化。然而，当代社会交往异化的不时呈现，让人们对交往产生了前所未有的困惑。异化理论是马克思用来批判资本主义的主要理论，同时异化也是揭示当代社会交往困境的理论依据。"所谓异化的交往，是指交往作为手段与人相对立，交往主体的一方沦为客体或双方共同降为客体，交往的主体间性内涵扭曲和丧失。"（王晓东，2005）在现实生活中，异化交往主要表现为人与人之间交往关系的扭曲，人与人之间的交往被物与物之间的交换所遮蔽，人们不是在理性地考虑交往价值，而考虑的是交换价值。人与人之间的情感关系、伦理关系被物化了。面对当代社会交往中存在的异化现象，需要我们理性地分析。哈贝马斯在他的《交往与社会进化》一书中曾对交往的异化做出理性的解释："异化是历史范畴，它不是人类的迷途或误入歧途，而是人类社会发展的必然，是人类社会的充满矛盾的前进发展阶段。随着生产力的发展，个人被片面化，但人类及群体或社会得到了全面的进步。"（哈贝马斯，1989）因此，选择"交往理性"作为研究的主题，目的在于通过对当前中国交往实践中存在的异化现象进行历史的、辩证的剖析，认清交往理性在交往活动中的核心地位以及交往理性对人和社会发展的作用，通过对当代社会理想交往理性的建构和文化培育，矫正现实交往中的异化，为人的全面自由发展提供思路。

（二）交往理性的缺失

当前交往实践的困境的产生是由于交往理性出了问题。交往理性是指导交往行动的观念形态，它引导和操纵着人们的交往行动。在合理的交往理性的引导下，必然会产生积极、健康的交往行动；反之，必然导致交往实践的不合理，甚至是异化。当前中国社会交往理性的缺失，既有历史原因，也有现实因素的干扰。人类进入现代社会以来，工具理性的盛行导致理性的分裂，表现为工具（技术）理性的扩张和价值理性的遗忘。现代社会理性的分裂引发了一系列社会问题，也加剧了社会交往的异化和交往理性的缺失。社会交往困境的出现，归根结底在于社会交往理性的缺失。当前我国社会交往理性的缺失主要缘于：一方面，由于理性的分裂、工具理性的扩张以及政治人、经济人的"理性殖民"，导致整个社会交往价值取向的功利化和实用主义，忽视和遗忘了交往的精神价值。现实生活中，虽然人们每天都忙于交往，但却往往忽视了人与人之间交往的真正意义，交往变成了实现某种目的的工具或手段；另一方面，在现实交往的"主体—客体"模式上，忽视了另一极主体的存在。在"主体—客体"关系中，交往相对一方的主体性、个性得不到伸张，交互主体性无法形成，真正的交往无从谈起。交往实际中的这种功能化和单极主体的交往意识，导致了社会交往生活的重重困境。所以，现代交往理性的缺失是现代社会交往困境产生的病灶所在。

（三）理论研究中对交往理性问题的关注不足

一般来说，哲学理性对人类交往现象的关注古已有之。关于交往问题最早蕴涵于古希腊哲学家、中世纪经院哲学的伦理学说以及近代的一些政治理论之中，但这些并不是真正严格意义上的交往理论。20世纪以来，随着西方哲学范式的转换，交往理论走到了哲学研究的前台。随着哲学对人的交往问题的普遍性关注，交往理论研究日渐成为显学。我国关于交往理论的研究，从20世纪90年代才刚刚兴起，虽然在关于交往理论的结构体系、日常交往与非日常交往、对马克思交往理论的重新解读以及马克思与哈贝马斯交往理论的比较研究等方面有了一定的研究，也取得了一定的成果。但是随着社会和时代的变迁，社会交往异化的加剧，要想现实解决当代社会的交往困境问题，就必须认识到交往理性在交往理论研究中的决定作用和核心地位，必须把交往问题的研究提高到交往理性上来。所以，针对引导和规范实际交往的内隐的人的交往理性以及作为交往理论内核的"交往理性"，必须在哲学层面展开研究，才能为解决当代社会的交往困境提供理论支撑和操作依据。针对上述问题，目前在我国交往理论的研究中，相对来说，从学理层面深入探讨"交往理性"范畴等方面，明显存在着关注不足、缺少相关研究等问题。

（四）经典作家交往理性研究的思想启发

"交往理性"是哈贝马斯为重塑人们对理性的信心而进行的理论构想，为当代人研究交往、解决现实生活中的难题提供了极具参考价值的理论假设和研究视角。"交往理性"的提出给我们带来的不仅是理论疆土的扩展，还为我们消除对生活的种种不满带来了可能，点燃了人们热爱生活、追求崇高、渴望幸福的心灵之火。哈贝马斯由于发现了植根于语言中，植根于生活中的理性潜能，所以，他的"交往理性"在言语行为中与真实性、正当性和真诚性是相关的，是交往行为的合理根据。不仅如此，他还试图将交往的有效性要求和对规范的恪守，提升到社会伦理的高度，以此来约束人的行为、人与人的关系乃至全部生活实践，力求在人际关系和交往活动中实现社会的公正、人的自由和人与人关系的和谐。

应该说，马克思关于交往的理论，仍然是我们今天思考交往问题的宝贵思想资源。长期以来，在马克思主义的解释框架中，马克思关于交往的理论一直处于被遮蔽的状态。近年来，面对纷至沓来的社会生活中的矛盾和困惑，理论界发出了"回到马克思"的强烈呼唤，不少学者致力于发掘马克思主义交往理论的基本内涵，用以回击马克思主义"贫血症"和寻找解决交往问题的出路。马克思关于交往理论的核心在于将交往与生产实践紧密地联系在一起，将全部社会交往建筑在生产实践的基础上，把生产力的普遍发展和世界性的普遍交往视为达到共产主义的两个前提。马克思指出："共产主义的实现是以生产力的普遍发展和与此有关的世界交往的普遍发展为前提的。"（中共中央马克思恩格斯列宁斯大林著作编译局，2005）马克思和哈贝马斯关于交往的理论，为我们积极解决中国社会交往困境提供了理论依据和思想启迪。

二、交往理性研究的价值

交往理性既是实现真正交往的前提，也是构建社会主义和谐社会的必然要求，同时也是时代文化建构的需要。所以，深入地研究交往和交往理性，才能取得理性的自觉，实现交往理性对交往生活的规范和指导，实现理性的价值理性和工具理性的统一。关于交往理性研究价值的探讨，也包括了对交往理性何以可能的前提性分析，主要有以下几方面认识。

（一）实现工具理性和价值理性的统一

1. 交往理性对理性整合在逻辑上的可能

理性的价值理性和工具理性的二分及在当今的日趋断裂，着实给我们生活的世界和在这个世界中生活的人们带来了前所未有的困惑与苦恼。交往理性是理性的当代形态，它如何能承担起弥合价值理性和工具理性的重任，化解这个苦恼呢？这是一个关于交往理性何以可能的前提性的质问。理性的二分实质上就是把理性变成了由价值理性和工具理性二元构成的对立统一的体系。在这个结构中，一极是价值理性，另一极是工具理性。如果你往价值理性走一步，就离工具理性远一步；你往工具理性走一步，就离价值理性远一步。而如果你想站在纯价值理性或纯工具理性的立场上是不可能的，那种极端的情况只存在于观念之中，在实践中是行不通的。所以，如果不从这个结构中跳出来，你就永远处在两难之中，永远处在"不合理"之中。因此，在二元结构之内，价值理性和工具理性的悖论是无解的，不是你想如此，而是二元对立统一的辩证结构使得你如此。破除二元悖谬的方法就是多元，至少是三元。为什么要一"元"、二"元"、三"元"甚至是多"元"呢，这是人类的思维方式使然。我们习惯把事物先抽象为"元"，然后再让它们组合成一个结构，并以此来认识世界。何谓走出价值理性和工具理性这个二元结构的第三元呢？"打个比方，如果你只有黑笔，那在白纸上不论你轻轻地着色还是重重地涂色，总是灰色或黑色，于是其结果只能是黑白灰三种。只有当你再拿来一支红笔，使纸上有了黑、白、红后，你才算是真正跳出来了。而那支红笔，才是真正的第三元。"（见君，2007）交往理性就相当于那支红笔，是价值理性和工具理性之外的第三元，而不是介于黑白之间的灰色。因为，无论是接近黑的灰还是靠近白的灰，都只不过是黑白两点之间的线段上的不同位置的点而已，不跳出这个结构，就不能解决问题。价值理性、工具理性和交往理性之间的结构关系，赋予了交往理性诊治社会病症、实现社会理想、通达人性自由的神圣使命。

2. 交往理性价值的合理性

交往理性价值的合理性在于真、善、美的统一。评说一个事物存在"何以可能"的根据就在于其价值的合理性。交往理性不同于以往任何片面的理性。求真、向善、爱美是人类的天性，真、善、美是人类共同的价值取向。在人与人的交往过程中形成并在理念上指导人们交往行动的交往理性，包括了认知层面上的工具理性、实践层面上的价值理性和审美层面上的审美理性，是真、善、美统一。交往理性中的"真"，是指交往主体双方对客观事物的认识和表述要符合事物的本来面目和客观规律性。虽然交往发生于主体与主体之间，但往往离不开中介事物，主体之间的语言交谈和精神沟通也离不开相关的物质载体。所以，对外界事物的正确认知是双方达成共识的前提。交往理性中的"善"，是指双方主体要实现平等、公平、自由、无强制的交往，能提供双方共同接受的、普遍的道德规范，是交往秩序和交往评价的内在尺度。交往理性中的"美"，是指交往双方主体在真与善的基础上实现的更高境界，是主体摆脱外在物质控制和内在情欲束缚所呈现出来的自由状态。在交往主体的共同视阈中，客观世界的"真实性"、社会世界的"正当性"、主观世界的"真诚性"都要在交往实践中进行检验。所以，真、善、美的统一为人们提供了价值的合理性。

　　总之，人类对理性的研究是"虔诚"的。正如"哈维尔所说，他不是一个天主教徒，但他又说，我从小就感觉到有一种高于我的存在，那是意义和最高道德权威的所在。而且，在'世界'的事件后面，有一种更深刻的秩序和意义。"（景凯旋，2008）这就是人类对理性的执着和理性本身所具有的魅力。

（二）交往理性对交往生活的规范

　　"既然交往是不可逃避的，因此，交往的'先验的'条件也是不可逃避的，也就是人们在作种种交谈时，不能不有意无意地接受各种前提，就必定以这种或那种方式承认和遵循一些规范的要求。"（艾四林，2001）具体而言，在现实生活中，交往理性是用以规定和调节人与人之间交往关系的观念，涵盖了经济、政治、文化、教育等不同领域的交往意识。交往理性对人与人之间交往行为和交往关系的规范和指导，是一种反思性指导，它让我们以审视的眼光去考量生活实践中的交往行为。这种反思性指导主要体现在人与自然、人与社会、人与自我关系的平衡协调、和谐发展的全过程中。

　　交往理性与现实交往生活紧密相关。任何时候人们都离不开思想，又都需要行动，思想指导着行动。同时，思想的结果要靠行动来体现，思想的目标也有赖于实际行动的努力。思想是人类社会前进的动力，正是因为有了思想，才有了天地之间的诸多人类愿景。一个人或一个民族有多种多样的财富，而最为可贵的财富是这个人或这个民族的思想。思想对于行动的作用显而易见。很难想象，一个思想龌龊的人会有高尚的行动；一个专门利己不顾其他的人能有贡献社会、服务民众的举动。

　　在现实交往生活中，理性思想是交往行动的先导和动力。有积极的理性思想才能有积极的交往行动，从而形成积极健康的交往关系。马克思在《资本论》中有这样一段广为人熟知的阐述："蜜蜂建造蜂房的本领使人间的许多建筑师感到惭愧，但是，最蹩脚的建筑师从一开始就比最灵巧的蜜蜂高明的地方，是他在用蜂蜡建筑蜂房以前，已经在自己头脑中把它建成了。"（中共中央马克思恩格斯列宁斯大林著作编译局，2006）放眼世界，一些所谓强权之国打着自由民主的旗号，入侵弱小国家，引发战争、冲突，以及人类在征服自然的同时，带来的生存环境的恶化，等等，都导致了人与人之间、人与自然之间关系的紧张。任何时代，都不乏所谓的思想的巨人，行动的矮子。光有思想是不行的，没有行动，思想就不会发出光芒。任何理性都要经得住实际行动的检验。当然人的思想不仅包含理性因素，还包含非理性因素。欲望、情感、意志等因素也在交往行为实践中发挥着作用，同样不能忽视。

　　总之，本书从文化哲学的角度，在哈贝马斯交往行动理论的引导和马克思交往思想的启迪下，对当代社会现实交往的困境和交往理性缺失的问题展开了讨论。从整体上说，当代社会交往理性的研究既是对马克思主义哲学中物质生产活动的基础地位和"交往理论"的肯定与继承，也是对当代交往理论研究的建设，希望能成为有价值的论题。同时，对"交往理性"的研究也将为当前我国思想政治教育转型提供一个很好的切入点。

三、"交往理性"范畴在我国的研究状态

　　"交往理性"作为哲学范畴在我国研究中的出现，是以哈贝马斯于1994年被中译出版的《交往行动理论》为主要标志，最初被提及或被引用的"交往理性"多是以解读哈氏交往理论体系为出发点的。21世纪以来，在我国哲学研究中，涉及"交往理性"的文章著作逐渐增多，关注"交往理性"的视角也在扩展。关于交往理性的研究主要集中在以下几个方面：一是关于深入、全面、准确地解读哈氏交往理性的内涵问题；二是关于交往理性能否以及如何承担起对分裂理性的整合问题；三是围绕着关于交往

理性与理想交往的建构问题；四是关于交往理性与人的自由全面发展的问题。（赵淑辉，2009）

我国学术界在关于"交往理性"的研究与讨论中，首先开始的是对哈贝马斯"交往理性"概念及理论体系的解读（关于哈贝马斯"交往理性"的内涵及其理论框架，在后面关于"交往理性"的学理分析中，会有具体阐述，在此不详述）。

其次，关于"交往理性"能否以及如何承担起对理性分裂的整合问题。持肯定观点的研究者，主要有两种不尽相同的观点：一种观点认为"交往理性"对分裂的理性起到补充和弥合的作用；另一种观点认为"交往理性"是对马克斯·韦伯理性"二维结构"的补充，是与工具理性、价值理性并列的理性三维结构之一。当然，无论哪种观点都在一定程度上指出了哈贝马斯交往理性的"乌托邦"色彩。关于如何解决理性分裂的问题，学界呈现出多元化的理解和思路：其一，价值理性的恢复与重建。持此种解决理性分裂问题的学者认为，价值理性是人安身立命的根本，主张重建与生命和生活意义紧密相连的当代价值理性，以价值理性引导工具理性，实现科学与价值、知识与意义、真与善的协调统一。其二，"中庸理性"。另一种被一些人接受的观点认为，"中庸理性"是解决理性分裂问题的良方。研究"中庸理性"其主旨在于论证儒家的中庸之道也是一种理性，它与工具理性、价值理性和沟通理性有共通之处，却不完全相同。中庸之道包括中与和。"中"指恰如其分，不走极端；"和"则是从整合出发，谋求行动体系和谐共处。"中庸理性"的特色，是以整合的视野、自我节制的心态，求取恰如其分的最佳状态。其三，哈贝马斯的"交往理性"。哈贝马斯的交往理性思想，的确为我们解决近现代以来理性的分裂问题，提供了新的视角和路径。一些学者沿用哈贝马斯关于交往行动的商谈伦理思想，分析了我国当代社会政治、经济和文化领域交往中的理性整合。

再次，关于"交往理性"与理想交往的讨论。一是向往哈贝马斯勾勒出的理想社会愿景，即在非强制性意愿形成的主体之间，在非强制的协商政治和民主的政治文化生活中，借助基于团结和正义的交往，实现人类的全面解放和自由发展。认为理想交往应该是哈贝马斯所建立的"无限制的交往共同体"。二是依据交往实践观而建立的"主体—客体—主体"交往模式，最终指向"主体—主体"式的理想交往。传统意义上的实践观是"主体—客体"模式，这种两极框架或模式存在明显的片面性，也是对马克思主义实践观的狭隘的理解。马克思主义的交往实践观将交往纳入实践，将"主体—客体"与"主体—主体"统一于实践，构成"主体—客体—主体"的相关性模式。亦有学者提出，主体间的交往是在主客体交往即物质生产过程的中介下形成的，是旨在实现马克思设想的理想交往形态，即个人之间自由、自觉的交往，是共产主义阶段的个人自由、全面发展阶段，及最终实现交往的"主体—主体"状态。

最后，关于"交往理性"与人的自由全面发展的问题。交往是人与人之间的往来，"交往理性"问题研究必然关涉人的发展，而且是从更深的层面上来关注人的自由和全面发展的问题。在一定意义上可以说，一切人文社会学科和部分研究人的自然生命存在问题的科学，都是关于人的发展科学的不同视域。从"交往理性"的视角看，在研究人的交往、解决现实交往困境的同时，展开对人的交往生活、人的价值追求等关涉人的发展问题的探讨是有意义的，这是学术界的共识。追求自由和个性解放是人类永恒的主题。"交往理性"理应作为追逐人类自由之光的"夸父"显示其勇气和力量。

但是，我国学术界关于"交往理性"的研究中，仍存在以下主要问题：其一，关于交往理性的研究主要集中于对哈贝马斯交往行动理论中的交往理性的解读层面，更多的是去理解和挖掘哈贝马斯的交往理性的理论内涵是什么，较少有人谈及究竟什么是人的"交往理性"，这是一个有待澄明的本体性问题。其二，缺少对当代社会交往理性现状的分析，很少有人给予正处在现实交往困境中的人们，指明什么才是合理的"交往理性"的理论分析和建构。当然，这些都是非常棘手的问题。

交往理性是交往理论的核心，也是解决我国当代人交往困境的关键所在。在我国当代社会交往理论的研究中，正如王南湜先生所说，"将交往问题上升到对交往理性研究"的为数不多。而且，对交往理性的研究缺乏系统性，各种研究角度均有待深入。

四、交往理性研究的思路

本书从当代社会现实交往中存在的问题入手，站在"交往理性"的角度，关注人们的物质生活和情感生活，关注人们在失范的和混乱的世界中寻找精神归属的渴望，深入地分析了我国当代社会交往现状和人的交往生活状况，反思了实际交往理性的缺失，并从文化哲学的视角，提出了构建我国当代社会合理交往理性的建议，希望能给具有交往困惑、人生困惑的人们一些点拨和启发。书中沿着提出问题、分析问题和解决问题的思路，具体从以下四个方面展开：

第一章，交往理性的理论解读。这一章主要是围绕着"交往理性"范畴的学理分析进行论述。其中包括以下几个部分：首先阐明了交往理性的本质规定和交往理性的特征。然后分析了交往理性的文化生成，包括从人的文化本质、交往的主客体关系、交往的价值维度和民族的文化精神四个方面对交往理性的文化构成要素进行了分析；从文化环境、人性需要、文化养成和文化认同方面阐述了交往理性的文化生成机制；总结和归纳了马克思和哈贝马斯两位经典作家关于交往理性的理论研究建树等几方面内容。

第二章，交往理性的历史与其文明价值。本章讨论了四方面的问题：一是交往理性的历史发展轨迹；二是交往理性与人的全面发展的价值；三是交往理性对社会发展的价值；四是交往理性对思想政治教育的意义。第一方面，按照社会的文明进程，从远古时代交往理性的萌生到传统社会交往理性的发展，再到现代社会交往理性的超越的历程，揭示了不同文明形态社会的交往理性状况；第二方面探讨了交往理性对人的思维方式的影响、引导人生境界的提升和建构和谐的人际关系三方面的价值；第三方面研究了交往理性对社会经济、政治、文化和谐发展的价值；第四个方面阐释了交往理性对思想政治教育的意义。

第三章，我国现实交往理性的审视。本章内容分三部分：一是对我国现实交往困境的理性思考，包括对当前我国社会交往困境大气候的分析和对个人生活交往困境的分析；二是对我国现实交往理性缺失的审视，分析了包括交往价值维度的误区、交往主体性的不完善、交往道德理性的弱化、人伦传统对交往理性的干扰等因素；三是对我国当代社会交往理性的文化反思，其中总结了我国传统文化的得失、经济人和政治人"理性殖民"等对我国当代社会交往理性生成的影响。

第四章，我国当代社会交往理性的文化建构。其一，分析了交往理性在当代社会应当具备的优良品格，即自觉的价值追求、自为主体的意识、兼容的文化品格。其二，提出了中国当代交往理性文化建构的主要内容，具体包括健康、积极的主体意识、诚实守信的道德意识、平等的人格意识、相互尊重的社交意识、互惠互利的市场意识。其三，探讨了当代交往理性文化培育的路径，提出了社会交往环境的文化塑造、知识教育中交往理性的传输、儿童交往理性的早期启蒙、强化思想政治教育交往性、交往道德调控机制的建立和交往理性的主体实践锻炼的主张。其四，交往理性的自我评价和社会评价。

第一章　交往理性的理论解读

对所讨论的范畴进行理论解读和学理讨论，是研究首要解决的问题。正确的概念界定和准确的范畴理解，是"交往理性"问题研究的起点，更是交往理性研究的奠基性工程，是对"交往理性"范畴的文化哲学角度的解读，也是对目前我国交往理性理论研究的丰富。

一、"交往理性"的学理分析

（一）交往行为与交往理性的内涵

交往行为与交往理性是交往问题的两个方面，也是理性交往的交往行动与交往思想之间的关系。交往理性与交往行为相互关联，二者不能割裂。显然，行动是思想的源泉，思想指导着行动，思想在行动中得到检验和升华。理解和分析什么是交往理性，首先要从交往行为的本质规定入手。

1. 交往行为的本质规定

交往行为是人类特有的社会活动。早在人类的蒙昧阶段初期就已经开始了与生存本能相适应的交往活动。可以说，自从有了人和人类社会，就有了交往。交往行为是人类社会生活的开端，也是社会生活的基本内容。交往行为是极为广泛的社会活动范畴，人们日常生活中的交谈、交际、交流、交换、交易、交手、交兵和交锋等都是交往行为的具体表现。通俗地理解，交往行为是人与人之间的相互来往。

在哲学范畴，我国多数学者认为，交往行为是"指人们通过实物、信息或意义的传递和共享达到的相互理解和彼此的协调，进而影响或改变主体之间相互关系的活动"（郑召利，1999）。我们可以把生活中纷繁多样的交往行为概括为两性交往、物质交往和精神交往三类。两性交往是与人的种族延续等自然属性相关联的交往活动。"物质交往是人们在物质生活过程中，个人之间、共同体之间物质活动能力和成果的交流、交换。精神交往是人们之间思想、文化、情感等方面的沟通和来往，是个人或共同体间精神活动能力和成果的交流过程。物质交往是人类交往的始基性活动，精神交往是在物质交往基础之上，逐步建立和独立出来的，它具有巨大的能动效应。"（胡珊，2005）总之，交往行为在动态上是指人与人之间的各种具体交往实践活动，其结果又构成了人与人之间的种种交往关系。

从本质上讲，交往是人的一种存在方式。同时，任何交往都是一种文化交往。在交往中，人类种族的繁衍得以延续，社会的物质生产和交换得以进行，人类的文化或文明得以传承，人类社会的进步和发展得以实现。同时，交往赋予人社会属性，个体只有在交往中才能不断认识、发展和完善自己。因此，交往是把握人的本质和人的存在的重要维度。不仅如此，交往还是文化的生成和传承的必要条件。

马克思和恩格斯在谈到交往与文化的关系时曾指出："某一地方创造出来的生产力，特别是发明，在往后的发展中是否会失传，取决于交往扩展的情况。"（中共中央马克思恩格斯列宁斯大林著作编译局，2005）所以说，文化的传承必须依靠交往。应该看到，交往实践是文化的源泉。交往本身就承载了文化，任何交往都在传递着某种文化。所以，人与人之间的交往行为实质上是一种文化交往（这里的文化是指广义上的文化）。由于人的"未特定性"或"不完满性"决定了人的超越性和创造性。虽然"人被抛入世"，但却不会满足于生活在前定文化的实践活动中。人要创造、要超越，人的创造和超越活动不仅仅是改变外在对象的工具性操作活动，更重要的是主体间的文化交往活动。在交往活动中，文化作为人们需要的价值规范体系，除了在人的言谈和论述中表现出来外，还通过人的具体行为方式直接地展示出来。所以，交往行为是文化在人与人之间交流与传递的过程。同时，交往也是个体主体性的生成与个体社会化的过程。在这个过程中，形成了一些传统、习俗、习惯、礼仪等，也形成了诸如科学、哲学等以理性知识为主要形态的自觉文化。所以，交往同时是文化生成的过程。交往理性就是在交往中孕育和生成的一种自觉的文化和理念，它一经形成就开始引导和调控着人的现实交往行为。

2. 交往理性的本质规定

其一，交往理性的旨趣。交往理性本身折射出对"人是什么"的永恒的认识兴趣。"人是什么"的谜题早在哲学家登上历史舞台前就在希腊神话中借斯芬克斯之口提了出来。马克思和恩格斯在《德意志意识形态》中指出："个人怎样表现自己的生活，他们自己就是怎样。"那么，人应该怎样表现自己的生活呢？马克思和恩格斯又告诉我们："因此，他们是什么样的，这同他们的生产是一致的……而生产本身又是以个人彼此之间的交往〔Verkehr〕为前提的。"（中共中央马克思恩格斯列宁斯大林著作编译局，2005）也就是说，人是在以个人彼此之间的交往为前提的生产活动中展现自己和自己生活的。现代哲学家、神学家马丁·布伯也曾这样说："人生存的基本事实是彼此关联着的人……只有在生动的关联中，才能直接认识人所特有的本性。"（王怡红，2003）可见，人只有在彼此交往中才能认识自己。

人是如何在个人彼此之间的交往中认识自己、表现他们自己的呢？人与人之间的交往离不开那些显在和潜在的秩序和规范，即理性和价值的引导。这些秩序和规范的根据是人性。若继续追问，就会回到问题的原点，因而便形成了一种循环。但这不是一般的无意义的循环，而是解释学意义上的循环。正是通过这种循环，交往理性发展着自身。不论人性应当是什么或不应当怎样，人性都会在个人彼此之间的交往中尽显无遗。所以交往理性这一范畴就是从哲学层面上对人性问题的反思。所以，这里的理性并不是认识论的范畴，从根本上说，它与人性、与人的生活紧密相关。交往理性表现为人对普遍秩序的追求，是在更深层次上的，人对自由和个性解放的寻求与承诺。哈贝马斯的"交往社会"无法回避其是"乌托邦"的质疑，这也是研究中现实存在的难题。但可以肯定，交往理性是对"人之所是"的认识兴趣和"人之为人"的不懈追求。

其二，交往理性的文化意蕴。交往理性的文化之维涵盖了交往理性的文化场景和交往理性中人的文化属性。文化是现代社会使用频率最高的词语之一，我们在日常交往和非日常交往中无时无刻不在以各种方式"遭遇"文化。然而，当问及文化的含义时，我们又不知该做哪种解释。文化与我们生活息息相关，但却难以用语言描述。人类学家有用"仰韶文化""尼安德特文化"来命名史前社会的某段时期，用"东巴文化""玛雅文化"来描述某些民族的独特生活方式。同时，文化还是我们日常身处的生活环境，包括人的生活习俗、饮食衣着、语言习惯、博物馆和影剧院、人的整个生活方式、历史传统，等等。文化是所有人类物质活动和精神活动留下的痕迹，它有别于外界的自然存在。"如果我们像裁缝那样把这些痕迹缝补在一起，那就会看到一幅'生活世界'的图景；如果我们像侦探那样按照时间顺序把它们串联成一条相关线索，就会看到一条从过去到未来的'历史世界'图景。"（李沙，1997）交往就置身于这样的文化世界之中。

文化把人的生活与动物的生存自然分离。因此，人的生活方式理所当然地厌恶与大自然相近似的惰性习惯，拒绝疏懒而随波逐流的行为。人的文化属性决定了人的交往活动必定是具有一定价值意识的行为。价值是文化的核心，因此，交往理性无法回避而且也理所应当地体现着人的文化属性，构成着文化的内在灵魂和真正精神，并将自由以及人对自由的追求灌注于文化的各个方面和整个发展过程。因此，交往理性必定是人类在追求自由时对交往世界的真理性、合理性和完美性的探求。

其三，交往理性是一种实践的理性。交往理性是植根于现实交往生活中的，对人的交往行为进行观念建构的理性形式，是人在交往实践中表现出来的主体的行为趋向。交往行为本身就是实现人的价值理想的手段，因此，交往理性可以在更高层次上和实际的行动中把工具理性和价值理性完美地结合起来，实现人类理性的理想状态。同时，交往理性是主观理性与客观理性的统一，这也是交往实践的必然要求。交往理性必须具有客观性，它才能对人的行为进行预测；交往理性具有主观性，它才能体现出人类活动的创造性和超越性。因此，交往理性是主观性与客观性的统一。当然，任何理性自身的合法性有赖于实践的检验。交往理性作为一种行为的、实践的理性，是在生活世界中建立适合人的交往生活规范和社会秩序的历史要求的逐步实现。

综上所述，理解交往理性，必须诉诸理性、交往和文化这三个维度。从理性维度看，交往理性的运行是主体的思维功能，它的结果是思维主体对外部存在和交往的理性思考；从交往维度看，交往理性是交往中的人和社会的显在和潜在的秩序，是支配交往行为的主观依据，其核心是交往中的主体性问题；从文化维度来看，交往理性是在继承传统文化时，思考自己遇到的文化问题时形成的，是对交往世界的真理性、合理性、完美性的寻求，其价值归宿指向人的自由。在现实生活中，交往理性是用以规定和调节人与人之间的交往行为和交往关系的观念，它涵盖了经济、政治、文化、教育等不同领域的交往意识。

需要指出的是，研究中的"交往理性"并非是与工具理性、价值理性并列的又一种理性，它是理性的一种当代形态，具有鲜明的时代特征。同时，交往理性并没有排除非理性因素的作用，而是将交往中非理性因素一并纳入对交往问题的哲学反思层面。本书从文化哲学的视野出发，关注、探讨人的文化存在、人的交往生活和人的生命价值等问题。所以，现实交往中的人是我们提出问题、分析问题和解决问题的出发点和归宿。

（二）交往理性的特征

1. 时代性

时代性是理论研究的现实根基和必备的理论品质。任何思想理论要想保持生命力，就必须与时代发展的进程相一致，反映出时代的特征。"时代"是一个时间概念，时代的特性，可以从多方面体现：政治、文学、艺术、军事、科技可以体现，人的衣食住行也可以体现。所以说，时代必定是一定时期经济、政治、文化等状况的总和，是一个客观的历史进程。从哲学本身来看，黑格尔说："哲学是思想所集中表现出来的时代内容。"这个结论得到了马克思、恩格斯的赞同，并把它发展为"时代精神的精华"。时代的塑造具有两面性，符合时代进步要求的才是真正的哲学。真正的哲学之所以成为时代精神的精华，就在于它符合时代进步的要求，抓住时代的主题，能够发现并回答时代提出的迫切问题。从文化哲学的视角来看，时代性是当代文化精神主流的反映，特别是要集中体现该时代的主流的民族精神气质，这是人类生生不息的精神火种。时代性不单单是指当代性，更重要的是指"未来性"，要对将来有贡献才有意义。因此，思想的时代性不只是属于某一个"当代"的，更不是某一个时间段上的昙花，它应该有也必然有"与时俱进"的优秀品质，这也是人类文明的未来要求在当代对我们的提醒。

对于21世纪的人来说，交往理性的时代性，就是对当代人交往时需要的自由精神的折射。交往理性所体现出的时代性，不是为了眼下种种物质心理或混世主义思想的满足，而在于对人的精神境界的提升和自由个性的实现，在于对人与社会未来发展产生的巨大效能。同时，世界大背景下的中国正处在转型期，中国在政治、经济、文化等方面的时代性给交往理性刻上了时代的烙印。"时代"是人类生存和活动的时间标尺，是社会历史运动特定时态的确认。交往理性的研究只有以时代为依托，以人和社会的长期发展为走向，以人的自由全面发展的实现为最终目标，才能成为回答和解决时代遇到的迫切问题的有益的思考。

2. 准先验性

哈贝马斯的"准先验性"概念（the quasi-transcendental）介于"先验的"与"经验的"概念之间，他承认确实有一些东西构成了人类知识的先验条件，但这些条件本身是存在于经验世界之中的。所谓"先验的"，在认识论中有先于经验的意思。康德用来表示在先天可能的范围内，关于认识方式的知识。康德所说"先验的"，是指不涉及对象，而只涉及我们认识对象的形式，并且在这种形式中也只限于先天可能的形式。所谓"经验的"是指人们在现实生活中，通过自己的感官直接接触客观外界，来源于感性直观的东西，称之为经验的。辩证唯物主义认为，经验是一切认识的起点，但只有上升为理性认识，才能把握世界的本质。人总是生活在人类先验的文化之中，先验文化是既定的，但人又是一种超越的存在，在既定的文化世界中，人在交往中实现对自身完满性的追求。交往理性是一种具体的人类理性或社会理性，其确定性只能内含在个体的交往之中，根基于不同时空的社会。对于每个具体的认识活动而言，理性自然具有文化的先验性，但对于整个人类认识活动和人类交往活动而言，交往理性则并非是先验的，而是后天建构的。"交往理性既然是一种根基于人类社会之中的东西，则其本身便不会是纯粹先验的。交往理性不同于本体论思维范式中抽象的客观理性，交往理性也不同于认识论思维范式中抽象的主观理性。因而，交往理性可以说是一种准先验理性。"（王南湜，2000）

3. 整体性

交往理性旨在实现人的自由和个性解放，达到人与人关系的"灵"通，实现交往社会的和谐。这就内在地要求交往理性必须是认识理性与实践理性、工具理性与价值理性、社会理性与个体理性的有机结合。"理性"具有两种最基本的含义，即认知理性与实践理性。"认知理性"反映人的判断、推理等思维形式和思维活动能力，指引人们透过事物表象观察事物的本质和内在规律。人们认识世界水平的高低，不仅能反映出正确感知事物的能力，而且还能反映对感知到的事物进行抽象、判断、推理的认识能力。"理性存在的根基是人类的实践活动，在人类社会生活的实践过程中，为了确保社会生活的有序进行，人类社会逐步形成了一系列生活准则和行为规范，使得人类自身的动物性在社会关系和社会规则的调节与制约下得以满足，这种在人类社会生活实践中存在的、人类所独有的、人类据以调节和控制自身欲望与行为的精神力量就形成了人的'实践理性'。"（汪波，2007）

理性在实践中是价值理性与工具理性的统一。概括地讲，价值理性是人类对自身与世界的关系"应如何"和人"应当是"问题的思考和行为指向；工具理性是指向认识事物的本来面目、回答人与世界的关系"是如何"。简言之，价值理性体现一个人对价值问题的理性思考；工具理性是指人们通过什么手段、方式去实现其思考和追求的价值。面对工具理性张扬并挤压价值理性以及价值理性被边缘化的社会现实，我们尤其要重视交往理性对工具理性与价值理性的整合。"在交往中，从个体需要的角度讲，效用、安全、自由是个体理性的基本诉求；从社会需要的角度讲，效率、稳定、公平是社会理性的基本诉求。个体理性与社会理性虽互为基础和前提，但它们之间不是天然一致的，现实中总是存在着一定的矛盾。"（沈湘平，2003）交往理性是个体理性与社会理性在某种程度上的协调统一。

交往理性的旨趣决定了交往理性必须是认识理性与实践理性、工具理性与价值理性、社会理性与个体理性的统一，交往理性是完整的理性。

4.实践性

实践性是交往理性的根本特性。交往理性不是纯粹的思维或意识活动的结果，实践才是交往理性的来源和存在根基。实践有着诸多的含义，经典的观点是主观见之于客观，包含客观对于主观的必然及主观对于客观的必然。恩格斯的自然哲学认为，人的主观意识产生于人的实践行为，同时人的主观意识又反作用于客观存在。马克思也强调实践的社会性，强调人的社会实践。列宁这样说过："实践高于（理论的）认识，因为它不仅具有普遍性的品格，而且还具有直接现实性的品格。"（中共中央马克思恩格斯列宁斯大林著作编译局，1990）毛泽东在《实践论》中强调，要通过实践而发现真理，又通过实践而证实真理和发展真理……改造主观世界和客观世界。实践、认识、再实践、再认识，这种形式，循环往复以至无穷，而实践和认识每一循环的内容，都比较地进到了更高一级的程度。（毛泽东，1992）对实践的关切是一切哲学的根本，只是由于切入实践的方式、方法各有不同，哲学实践性的内涵才互有差异。"在中国传统哲学中，'实践'主要是指躬行、'践履'的道德体认，哲学的实践性就表现为中国文化生命所结晶成的那套实践的学问；古希腊哲学中，'实践'

主要是指伦理意义上的实现人的幸福的过程。"（毛艳霞，2007）当代哲学强调只有人们的社会实践，才是人们对于外界认识的真理性的标准。强调实践是世界和万物的创造者，没有实践就没有我们生活在其中的现实世界，就没有实践创造的城市、农村、山川、田野和万物，就没有在实践中得到生存和发展的主体，实践不仅创造出新的客体，而且创造出新的主体。强调从其本质而言，人是一种包含理性因素在内的、时刻进行着感性活动的存在物，即实践的存在物。"同理，交往理性只有在实践中才能产生，交往理性需要在生产实践和交往实践中检验、确证和自我完善。

二、交往理性的文化生成

交往理性的生成是人类文化建构的过程，也是人在实践中创造文化的过程。

（一）交往理性的文化构成要素

1. 人的文化属性

文化是一个极其复杂的概念。英国杰出的人类学家泰勒认为，"文化是包括知识、信仰、艺术、道德、法律、习俗以及包括作为社会成员而获得的其他任何能力习惯的综合体。"（庄锡昌，等，1987）本尼迪克特认为："一种文化就像是一个人，是思想和行动的一个或多或少贯一的模式。"马林诺夫斯基认为："文化，是指那 群传统的器物、货品、技术、思想、习惯及价值而言的。"（马林诺夫斯基，2002）美国学者A.L.克罗伯和K.克鲁克洪对文化做出了更为细致深入的研究。他们将文化定义为："文化由外显的和内隐的行为模式构成；这种行为模式通过象征符号而获得和传递；文化代表了人类群体的显著成就，包括人们在创造器物中的体现；文化的核心部分是传统的（即历史地获得和选择的）观念，尤其是它们所带的价值；文化体系一方面可以看作是活动的产物，另一方面则是进一步活动的决定因素。"（朱希祥，2006）

　　从以上的描述可以看出，对于人的交往和人的世界来说，文化无疑是最深层的东西。德国著名哲学人类学家兰德曼曾说过："文化创造比我们迄今为止所相信的有更加广阔和更加深刻的内涵。人类生活的基础不是自然的安排，而是文化形成的形式和习惯。正如我们所探究的，没有自然的人，甚至最早的人也是生存于文化之中。"（李纯，2010）从文化的萌芽与个体诞生的角度讲，"所谓个人的诞生无非就是意识的产生，因而不妨换句话说，这是将文化看作为人的意识化过程"（山崎正和，2008）。可见，人是"文化"的存在。所以，人的产生的根本途径，就是超越本能或生物学的自然，建立自己的"第二自然"，即文化，这是人所特有的生存体系。人依赖文化，受文化规定，文化凝结成人的生活方式。同时，文化是人的文化，文化依赖人而存在，文化要由人来规定。这是人和文化之间固有的辩证相关性，充分体现了作为主体的人的文化存在本质。

　　总之，人无论作为文化的创造者，还是作为文化的产物，人的文化存在都离不开交往。人们通过交往，传递和传播着文化，发展和创造着文化；人们又在既定的生产关系、交往关系构成的社会文化环境中，并以此为基础，筹划、选择和塑造自己，创造价值，使人成为有价值的文化存在。因此，人的文化属性是交往理性的文化构成要素。

　　2. 交往的主客体关系

　　主客体关系是社会实践的基本关系。人是认识和改造世界的"主体"，而整个世界则是人改造和认识的对象，即"客体"。人同世界的关系表现为"主体—客体"的关系不难理解，主客体关系以主体"我"的"逻辑先在性"为前提；客体只有在"主客体关系"中作为被主体认识和改造的对象时才存在。作为社会性存在和交往性存在的人，在与世界的关系中，必定伴随着主体间性的存在。因此，一方面是人与自然之间进行物质交换时的"主—客"关系，另一方面是人与人之间相互交往时的"主体间"关系。正是人与世界的这种双重关系给交往中的主体带来了困境。"我"是认识和改造世界的"主体"，而整个世界则是"我"改造和认识的对象，是"客体"。而除"我"之外的其他人在交往关系中同样把其他人看作是"客体"。这样看来，交往关系中的人与人之间是"互为主客体"的关系。但这种简单的逻辑推理并不能囊括交往中人与人之间关系的丰富性和真实性，不能深刻理解交往理性。这不仅让我们想到萨特的"他人就是地狱"和古希腊神话故事中的"美杜莎的眼神"。

交往理性是交往主体的理性，是主体在交往中对他人及世界在自我反思的文化层面上的理解和解释。所以，交往实践中的主客体关系是构成交往理性的根本要素。关于现代交往中的主客体关系的研究，摒弃了传统意义上的实践观的"主—客"的二元对立，具体展开为以下两种模式："主—客—主"关系，"主—主"关系，但在理论研究中仍存在争议。有的学者认为，在"主—客—主"模式中，把"主—客"体关系看成是交往关系中的一个环节，"主—客"体关系从属于交往关系，即生产实践从属于交往实践。实际上，这有悖于交往活动的原理。"主—主"模式又可以称之为"主体间性""主体际性"或"交互主体性"模式，同样是个多重困境的概念。

哈贝马斯在感受着当代资本主义社会高度发达的物质文明的同时，认为"对幸福的追求"不是个人物质财富的积累，而是人与人之间真正的理解和沟通。哈贝马斯勾勒的人与人之间平等对话、协商带有浓厚的乌托邦色彩。无论是讲人与人之间应该如何交往，还是讲如何建立起交往关系，我们首先可以肯定，交往实践离不开主体，离不开客体（或中介客体）。不同的研究视角就会有不同的关于主体和客体的内涵与外延。其实，交往关系中的主体间以及主体与客体间的关系就是一个由多极主体和客体（或中介客体）要素共同构成，由它们之间的相互关系维系而成的体系。在不同的交往实践中，这个体系中的多极主体和客体（或中介客体）要素之间会表现出大小、强弱不同的内在张力和亲和力，犹如我们在日常生活中看到的远近亲疏、各有所好、各有所求。交往关系的种种表现根本上是其内在文化、自身修养、幸福追求等在自由层面上的差别。总之，交往是人与人之间的交往，人的主体性是交往理性产生并发挥作用的主观前提。同时，尤其不能忽略的是文化在交往中的媒介作用，通过文化媒介才能实现对己和对他人的认识。无论是相互理解、沟通、矛盾甚至是冲突，都是文化认同、文化排斥或文化冲突在交往中的体现。

3. 交往的价值维度

现代人在交往中都是讲价值的。价值是人们判断、选择是否交往、与谁交往，以及交往程度的主观标准和尺度。价值判断与价值选择是交往过程中随时都在进行的意识活动。每个人都在各自的价值观的引导下，形成不同的价值取向，追求着各自认为最有价值的东西。价值同样是交往双方相互联结、相互交流的本质原因和隐性条件。因此，价值维度构成了交往理性的核心要素。

关于"价值"的内涵，按照哲学教科书上的解释，"价值是事物（物质的和精神的现象）对人的需要而言的某种有用性，对人、群体乃至整个社会的生活和活动所具有的积极意义"（李林秀，等，1995）。上述关于"价值"的内涵只是对价值理解的一个维度，即某人、某物对主体需要的满足，是对象性价值；价值的另外一个维度是：我"存在"的价值，指向自我内在的意义世界。对象性价值的尺度取决于事物与个体需要（或某种目标）的满足程度；我"存在"的价值尺度则是主体对意义的理解程度。同时，价值可能是正面价值，也有可能是负面价值。日常生活中人们所说的价值，是指那些对主体具有积极肯定意义的正面价值。如果事物或现象不能满足主体的某种需要，而且对主体具有消极的否定意义，则可以称之为负面价值。在日常交往中，对事物所具有的负面价值更需要我们给予足够的重视，应尽量避免或消除事物的负面影响。

实际上，我们在理解和认识价值的同时，就形成了我们对价值问题的看法，包括对价值的实质、构成等方面的认识。对这些认识的不同看法，便形成了人们不同的价值观。21世纪的价值观是多元化的，社会主义的价值观、封建主义的价值观、资本主义的价值观；东方的价值观，西方的价值观；古代的价值观、现代的价值观等都在影响着现代人的生活和交往。笔者觉得每个人的交往价值观念都会包含一些本民族的优秀文化传统和人类普适的价值观念，如平等、正义、关心、理解、尊重、诚实、宽容、简朴、公正等。

在交往中，无论是个人需要、社会需要的满足，还是对幸福的追求或人生意义的实现，都是围绕着价值展开的。交往中时时刻刻都伴随着对价值的思考，只是不同的人所追求的交往价值有所不同，或高尚或卑劣，或高雅或庸俗。我们在交往中追求的价值究竟应该是什么，什么样的交往才是最有价值的交往，这是人作为历史性的存在和时代性的存在永远需要思考和每天都在实践着的话题。所以，价值是交往理性的核心，交往理性内部各要素之间都以价值为中心进行着文化的建构、解构或重构。

4.民族的文化精神

不同民族的文化精神是交往理性构成要素中特有的气质。"一个民族与另一个民族的人性要素与层次的组合形式与运动形态是不一样的。因此，所呈现的民族性就具有差异性，有时差异性甚至很大。例如，沙漠民族的人性形态与草原民族的人性形态不一样，大陆民族人性形态与海洋民族人性形态不一样，这种不一样具体外化为风俗习惯、法律、价值观、思维方式的差异性。"（唐雄山，2000）所以说，"人的本质有民族性，不同民族中人的本质有着差异"（刘进田）。这种差异是不同民族文化精神的体现。因此，交往理性的构成要素不可回避的和一定要说明的是，由于人的民族性所展现出来的民族文化精神。民族是一个政治性、文化性很浓的概念。综合地看，"民族是在氏族、部落（联盟）的基础上形成的。民族是历史上在共同地域及各种联系（社会的、政治的、经济的、文化的等）的基础上形成的，受其传统文化制约的有共同自我意识的人们共同体"（金炳镐，2000）。每个民族都生活在特定的自然环境中，"民族文化是在特定民族群体生活环境中形成，并为该民族成员所共有的生存方式的总和"（李静，2005）。

本民族成员在一起时，个人所显露的是个体意识，而当与其他民族成员在一起时，则更多显露的是某种民族意识。民族文化精神是民族意识的核心部分，"民族意识作为一种特殊的群体意识，特指某一民族在自身形成与发展中，在争取生存的实践中逐渐凝聚的、具有共同性的观念。民族意识是民族成员与其他民族交往的自主性、独立性、整体性、生活方式、习俗观念、行为观念等。民族意识指导与约束着个体带着自己民族的印记与烙印，以本民族的意识准则来进行认知和交往活动。民族意识对民族成员的影响可谓是'润物细无声'"（李静，2005）。不同民族，大到整个国家，小到各个族群都有着与其发展相伴随的文化传统，形成了一定的民族文化精神。交往使不同民族之间文化的沟通和理解成为可能，交往为不同民族的文化精神的碰撞创造了条件和机会。"在相当程度上，它们积淀为民族的文化本能，具有民族生命的意义。无论人们认同或反对，它们都潜在地发挥作用。"（樊浩，1997）民族的文化精神是一个民族生命流淌的血脉，民族文化精神一经形成，便作为不同民族之间和个体之间的交往理性的特质而存在。当今社会，作为历史主体的民族、国家或个人，将面临更多的交往和文化对话。因此，不同民族文化之间的理解、共存和宽容等问题的研究与解决具有极其现实和深远的意义。

民族的文化精神是我国当代社会交往理性研究中不容忽视的问题，更是交往理性构成中不可缺少的要素。2016年2月19日，习近平总书记在党的新闻舆论工作座谈会上讲："讲故事，是国际传播的最佳方式。要讲好中国特色社会主义的故事，讲好中国梦的故事，讲好中国人的故事，讲好中华优秀文化的故事，讲好中国和平发展的故事。讲故事就是讲事实、讲形象、讲情感、讲道理，讲事实才能说服人，讲形象才能打动人，讲情感才能感染人，讲道理才能影响人。要组织各种精彩、精炼的故事载体，把中国道路、中国理论、中国制度、中国精神、中国力量寓于其中，使人想听爱听，听有所思，听有所得。"同时他还强调："要创新对外话语表达方式，研究国外不同受众的习惯和特点，采用融通中外的概念、范畴、表述，把我们想讲的和国外受众想听的结合起来，把'陈情'和'说理'结合起来，把'自己讲'和'别人讲'结合起来，使故事更多为国际社会和海外受众所认同。"（中共中央文献研究室，2017）从当前国际国内形势和国家长远发展来看，尤其要重视民族的团结与国家的稳定，重视各民族国家之间的文化沟通与和谐交往。无论是在国内，还是在国际上，不同民族国家之间交往的顺利开展，都是在尊重和理解不同民族国家的文化精神的前提下进行的。

（二）交往理性的文化生成机制

1. 文化环境

从文化的视角看，交往理性是一种观念形态的文化。作为文化的一种，交往理性的生成必然受社会其他方面文化观念的影响。所以，一定的社会文化环境是交往理性生成和实践的基础性条件。从广义上讲，社会的文化环境是这个社会的秩序，是生活于其中的人们进行自我确证的根据，是该社会和不同社会之间的本质区别。具体来说，社会的文化环境包括物质文化环境、制度文化环境和精神文化环境。物质是文化的载体，交往理性更关注的是文化本身。所以，与制度文化和精神文化相比较，在交往理性生成的过程中，与那些维持个体的生命的再生产和社会再生产的物质文化环境相比较，制度文化环境和精神文化环境对交往行为的指导和规范作用更加显著，是影响交往理性生成的关键文化环境条件。制度文化是为了满足由于人的交往需求而产生的合理地处理个人之间、个人与群体之间关系的需求，包括与人类个体生存活动和群体社会活动相关的各种制度。精神文化起源于人类在满足自己最基本的生存需要后，人们对创造性和自由个性需要的满足和对人生意义的探求。精神文化包括个人和社会群体的所有精神活动及其成果，那些以意识、观念、心理、理论等形态存在的文化构成了一个社会的精神文化环境。一个社会，影响交往理性生成的文化环境，主要包括政治、思想的上层建筑以及民族的文化传统、生活方式和语言形式，等等。

自觉交往理性的生成取决于社会文化的自觉程度。社会文化环境有自发形成的，也有自觉形成的。自发形成的文化环境往往是那些感性、经验和欲望层面的文化集合，即由那些在大众中流行和传播的、不自觉的、没有系统理论形式的文化构成的环境；自觉形成的社会文化环境则是指理性层面的雅文化或精英文化所构成的环境，是指通过自觉理性建构并传播的文化体系。交往理性的生成与社会文化的自觉程度有关，如果一个社会的非理性文化泛滥，而且趣味低级，社会对文化的运作日趋功利化，精英文化就会失去相应的阵地，无法发挥其文化精华的作用，该社会就会精神萎靡，人的交往将异化或低俗化，难以生成交往理性的自觉。被"物化"了的交往观念是交往理性的异化。相反，精英文化本身的文化自觉性会促使人们对交往行为进行反思、对自己生活进行思考，进而形成自觉的交往理性。从此意义上讲，社会文化大环境是交往理性生成的条件，它影响着交往理性生成的质量与层次。

2. 内在需求

关于人的本质、人性需要的问题是交往理性研究的逻辑起点。离开了人性这一根基，任何关于交往理性的研究和讨论都只是一种脱离了现实的人和人的自言自语，也就失去了研究和讨论的意义。从人类历史发展来看，真正的理论研究和社会进步，总是立足于人性、合乎人性并有益于人性发展的。

"人性"本身是一个中性词，但人们通常所说的人性往往是指作为人应有的正面、积极的品性。在中国传统文化中，对人性的回答，孔子讲"性相近"，孟子讲"人性善"，荀子认为"人性恶"，告子则认为人性"食色"等等。中国的先哲们大都是从社会伦理角度阐释人性。文艺复兴后的欧洲资产阶级则把人性看作理性、自由、平等、博爱，等等，他们大多从人的本质存在、天然权利等角度高扬人性来反对封建制度对个性的束缚。抛开众说纷纭的人性概念，从字面入手，"人"是生命体、社会共生体和精神独立体的结合，因而，人性必定是生命性、社会性与精神性的共在。而人性是通过人的种种需要表现出来的，这些需要可以概括为自然的需要、物质的需要和精神的需要。这些需要可以看作是，人性在交往中通过人与人之间相互接触、相互交流与沟通、碰撞与冲突时内心世界的具体展现。

交往理性是属于人的，人生来就有交往的需要。人与人之间在交往中无论是本能地抑或是理性地展开，体现出来的都是具体人性需要的各个侧面。人性需要是交往理性生成的内在动因，但并不是人的全部需要都会成为交往理性生成和进步的动因。那么人性需要是如何作用于交往并生成交往理性的呢？根据心理学所讲，"需要（need）是有机体内部的一种不平衡状态，它表现在有机体对内部环境或外部生活条件的一种稳定的要求，并成为有机体活动的源泉。这种不平衡包括生理的和心理的不平衡。"（彭聃龄，2004）需要是个性积极性的源泉，它与人的行为的发生有密切关系。人的活动总是受某种需要的驱使，同时人的需要又会在活动中得到满足并不断产生新的需要，人的一生可以看作是满足需要的过程。根据美国心理学家马斯洛关于需要层次的理论：人的需要由低至高分为生理需要、安全需要、归属与爱的需要、尊重的需要和自我实现的需要五个层次。这说明，需要是具有指向性和选择性的。交往理性是具有历史性的人类智慧，只有那些追求真、善、美相结合的人性需要才是交往理性生成和进步的真正动因。

人的物质需要和精神需要的统一，当吃、穿、住等直接物质需要基本得到满足时，人们对精神需要的追求就会越来越强烈。人性区别于物性和兽性就在于人有精神属性。所以，人性的需要是求真、向善、至美的统一。"认识需要驱使人们追求真，能够满足认识需要的便表现为真；情感需要驱使人们追求善，能够满足情感需要的便表现为善；意志需要驱使人们追求美，能够满足意志需要的便表现为美。"（谭俊杰，1998）正是因为人性需要中对真、善、美的无限向往和不懈追求，才产生了交往理性和不断完善的不竭动力。

3. 文化养成

交往理性是人在已有的文化素养的基础上，关于交往及其价值的理性认识结果。所以，对于个体而言，交往理性的生成，实际上是一个在交往实践中的文化养成过程。从人们对交往的初步认识，直至形成对交往的理性反思并最终形成交往理性，整个过程就是人的文化养成过程。文化养成首先都是从认识活动开始的。文化养成的实质就是人的感性、知性、理性认识能力的形成，在文化养成的最初阶段，是对交往活动的感性认识阶段，是人们在实践中把客观事物转化为主观观念的第一步。正如黑格尔在《小逻辑》中所说："按照时间的次序，人的意识，对于对象总是先形成表象，后才形成概念，而且唯有通过表象，依靠表象，人的能思的心灵才进而达到对事物的思维地认识和把握。"（黑格尔，1980）在交往认识的知性阶段，开始逐渐抛开具体事物和形象，"知性就是一种抽象的思维活动，它从事物总的联系中抽出某一方面，而暂时撇开其他方面，在对立中考察事物的一种思维活动或思维过程。"（杨永德，1984）"人的思维，必须首先是知性思维，获得对一个事物的规定性、确定性和与别的事物的区别性的理解。例如，数学对事物的研究，必须首先突出其量的特征而排斥别的特征，物理学的研究必须突出物质形态、基本结构、力量……在社会学中也是一样。"（尹瑜新，1983）理性认识并不是感性材料积累多了以后自然的上升过程，其中要经过知性阶段。知性认识是交往理性文化养成从感性认识上升到理性认识必不可少的阶段。但如果交往理性的文化养成仅停留在知性认识这个阶段，那么，人对交往的认识还是片面和有限的。人首先是理性的，理性是人认识自我的能力，理性是人的精神的最高层次。人的认识发展还要在感性直观的基础上，不断地从知性上升到理性，最终进入文化养成的高级阶段。理性认识既是文化养成的过程，又是文化养成的成果。交往理性的生成在这个阶段并没有结束，文化养成的关键在于通过交往实践对认识活动中所形成的关于交往的理性观念进行反馈和检验，即理论与实际相结合，理论将在现实的交往中进一步得到验证，通过社会和自我评价获得反馈。在日后的交往中，正确的观念就会被保留并在行动中发扬下去；错误的观点将会在各种反馈和自我反思中逐渐得到纠正，进而获得新的关于交往的深刻理解。这是交往理性生成机制的循环周期。文化养成是在无数个循环周期中，通过主体对交往活动的体认，实现对交往理性的不断解构和重构，最终完成交往理性的自我发展进步。

4.文化认同

作为一种观念和意识，交往理性的生成最终体现在交往活动的过程中。交往过程中的文化认同是交往理性生成的具体样态。"认同"译自英语identity，除了译成"认同"，还可以译成"同一性""身份"等。"认同包括以下特点：①社会性，即在社会中形成，是社会的产物；②选择性，条件许可的话，个人或集体可以根据需要和利益选择或改变认同；③多元性，即某单个个体或集体可以具有多种或多重认同。"（邓治文，2005）从类型上看，认同包括种族认同、民族认同、社会（群体）认同、自我认同、文化认同等多种类型，其核心是文化认同。无论是个体文化认同还是群体文化认同，认同的核心是价值问题。文化认同只有在人与人之间的交往中才能形成和实现。

人的全部活动无非是认识世界和改造世界，或者说一方面是在实践中形成思想，另一方面是在实践中实现思想。实践活动是在理性观念指导下的有目的地改造自然和人类社会的活动，是感性认识的来源。而且，从实践活动中获得的感性认识就已经凝结着以往理性认识的因素和新的理性认识的萌芽。与生产实践不同，交往实践不是主体对客体的对象性活动，而是在人与人之间（主体与主体之间）进行的、调整和改造社会关系的活动。在交往活动过程中，人们对真、善、美的认识、理解和追求，体现了主体之间的文化认同和主体的自我确证。所以，个体形成的关于交往的理性认识成果，最终是以主体间交往的文化认同和自我确证的形式呈现出来的。交往理性的价值诉求和交互主体性也只有在交往实践中以文化认同的方式得以体现和生成。

同时，文化认同和自我确证又是同一问题的两个方面。文化认同使交往主体间在交往的问题上有了对交往价值的理解与认可。多元的现代社会对个体的认同、社会的认同没有形成规范性的价值标准，极易出现相互背离，个体极易出现自我身份感丧失、自我价值感衰落、自我归属感迷失等自我认同危机。一旦个体陷入自我认同危机，就会产生对生活的无意义感，从而对现实无所适从，对未来彷徨迷惑。所以对自我身份的确证和认同，关系到个性的发展，关系到人能否很好地适应社会以及体验自身的价值和人生的意义。人不能失去意义的世界，所以，交往主体的自我确证，既体现自我的主体性、差异性，又体现自我的社会性、归属性。"马克思的自我认同观是指在实践的基础上对作为人的本质特征的自我理解和自我回答。而人的根本属性又在于社会性，人总是通过社会对自身进行定位。虽说自我认同体现了自我的主体性，但其最终的结果是为了实现自我、他人、社会的和谐一致，也就是说，要通过自我明确的是非观和理性的判断力把自我个体的内在标准与他人、社会的外在要求进行整合，从而在个体内心产生一种和谐一致的感受。"（江琴，2008）所以，交往实践中实现的价值认同，自我、他人、社会的和谐一致，是交往理性的现实表现。

三、关于交往理性的思想

在关于交往和交往理性的学术思想中，马克思和哈贝马斯的理论给我们提供了研究当代交往理性问题的思想源泉。马克思的交往思想和哈贝马斯的交往行动理论是交往研究不应忽略的。为此，有必要对马克思和哈贝马斯关于交往理性的思想进行梳理，并通过马克思与哈贝马斯之间交往思想的"对话"，吸收、借鉴其合理成分，为建构当代中国交往理性提供理论观念上的指导。

（一）马克思关于交往的思想

在马克思的交往理论中，并没有明确提出过"交往理性"。但从马克思的交往理论中，我们可以体会出作为"一切社会关系的总和"的人，就是马克思关于交往理性思想的出发点和归宿。在马克思关于交往理性思想的框架中，包括了关于交往的一般理论和关于交往在历史发展中的地位和作用的论述这两部分主要内容。

1. 马克思关于交往的基本理论

总体来看，在马克思的著作中，论述了关于交往的含义、起源、原因、性质、类型、地位和意义等问题。马克思虽然没有给出十分明确的关于"交往"的概念，但我们可以看出，马克思所说的"交往"就其内涵而言，是指个人与个人、民族与民族、国家与国家之间的交流、往来及相互

作用、相互影响；就其外延而言，包括社会经济、政治、思想、文化各个
层面以及社会生活的各领域；就其形式而言，它展现为古代的、近代的、
现当代的不同形态；就其本质而言，它是主体与客体之间的相互联系、相
互作用的互动过程。显然，交往的这种界定是在"最广泛的意义"上谈
的，它涵盖了一切社会关系。

关于社会交往的基本类型，马克思认为物质交往、精神交往和两性交
往都是人的基本交往方式。两性交往是基于人的生理属性产生的最基础的
交往关系。物质交往决定精神交往。"思想、观念、意识的生产最初是直
接与人们的物质活动，与人们的物质交往，与现实生活的语言交织在一起
的。人们的想象、思维、精神交往在这里还是人们物质行动的直接产物。
表现在某一民族的政治、法律、道德、宗教、形而上学等的语言中的精神
生产也是这样。""人们是自己的观念、思想等等的生产者，但这里所说
的人们是现实的，从事活动的人们，他们受着自己的生产力的一定发展以
及与这种发展相适应的交往（直到它的最遥远的形式）的制约。意识在任
何时候都只能是被意识到了的存在，而人们的存在就是他们的现实生活过
程。"（中共中央马克思恩格斯列宁斯大林著作编译局，1995）马克思对
物质交往和精神交往之间关系的高度概括，正是与唯物主义历史观关于社
会存在决定社会意识相一致的表述。

关于社会交往阶段的划分，马克思在1857—1858年的《经济学手稿》
中，把人类社会划分为三个不同的形态。在三个形态中人的交往关系表现
为：以人的依赖关系为基础的交往关系；以物的依赖性为基础的第二种交
往关系；人的自由个性充分实现的交往关系。

2. 关于交往在社会发展中的地位和作用的论述

在马克思的交往思想中，交往在人类历史进程中的作用问题值得关
注。这一问题包括：交往与生产之间的关系；交往与社会发展之间的关
系；交往与人的发展之间的关系。

首先，交往与生产的关系。按照马克思的观点，人类的生产主要有
三种：物质生产、精神生产和人自身的生产。这三种生产同人的交往活动

息息相关。马克思深刻揭示了生产与交往之间的辩证关系，它们既互为前提，又互相制约。马克思说："生产本身又是以个人彼此之间的交往为前提的。这种交往的形式又是由生产决定的"。（中共中央马克思恩格斯列宁斯大林著作编译局，2009）可见，交往是生产得以进行的前提。"人在生产中不仅仅同自然界发生关系。他们如果不以一定的方式结合起来共同活动和互相交换其活动，便不能进行生产。为了进行生产，人们便发生一定的联系和关系；只有在这些社会联系和社会关系的范围内，才会有他们对自然界的关系，才会有生产。"（中共中央马克思恩格斯列宁斯大林著作编译局，1961）显然，生产是社会性的，它不能离开他人和社会，而交往恰恰造就了由个人连接起来的社会关系，它是人们之间形成普遍的社会联系和关系的纽带。因此，交往是生产得以进行的前提。正如马克思所说："孤立的一个人在社会之外进行生产——这是罕见的事，偶然落到荒野中的已经内在地具有社会力的文明人或许能做到——就像许多个人不在一起生活和彼此交谈而竟有语言发展一样，是不可思议的。"（中共中央马克思恩格斯列宁斯大林著作编译局，1979）应该看到，交往的形式是由生产决定的。人们最初的交往是围绕着生产展开的，同时，人们进行各种交往活动常常是围绕一定物质媒介进行的，而物质媒介源于生产，因此，交往的方式及组织形式又是由生产的发展决定的。交往既取决于"他们生产什么"，又取决于"他们怎样生产"。

其次，交往与社会发展的关系。马克思认为，"过去农民为了得到自己必需的衣着而在乡村中附带从事的织布业，是由于交往的扩大才获得了动力并得到进一步发展的第一种劳动。"（中共中央马克思恩格斯列宁斯大林著作编译局，1995）在谈到西欧近代史转折的原因时，马克思强调了交往在资本主义社会生产和发展过程中，以及在世界历史的形成中的重大作用。马克思明确指出："随着美洲和通往东印度的航线的发现，交往扩大了，工场手工业和整个生产运动有了巨大的发展。从那里输入的新产品，特别是进入流通的大量金银完全改变了阶级之间的相互关系，并且沉重地打击了封建土地所有者和劳动者；冒险的远征，殖民地的开拓，首先

DANGDAISHEHUIJIAOWANGLIXINGYANJIU

34

是当时市场已经可能扩大为而且日益扩大为世界市场，——所有这一切产生了历史发展的一个新阶段。"（中共中央马克思恩格斯列宁斯大林著作编译局，1965）由于市场成了世界市场，一切国家的生产和消费都成了世界性的了。"过去的那种地方的和民族的自给自足和闭关自守状态，被各民族的各方面的互相往来和各方面的互相依赖所代替了。物质的生产是如此，精神的生产也是如此。"（中共中央马克思恩格斯列宁斯大林著作编译局，2009）不仅如此，交往还推动了世界历史的形成和共产主义的实现。"各个相互影响的活动范围在这个发展进程中越是扩大，各民族的原始封闭状态由于日益完善的生产方式、交往以及因交往而自然形成的不同民族之间的分工消灭得越是彻底，历史也就越是成为世界历史。（中共中央马克思恩格斯列宁斯大林著作编译局，2009）"人类的交往由原始的地域性向民族和国家的转变，直至世界交往的实现，推动了人类社会的发展进步。

最后，交往与人的发展。人的全面发展是马克思交往理论的归宿。"人是一切社会关系的总和"，交往理论就是理解人的本质的钥匙。人之为"人"在于人是"社会的人"，"社会的人"即人的社会化，人如何社会化，当然是交往。"交往使人摆脱了孤独状态，摒弃了抽象性，成为具有丰富社会性内涵的存在物，社会关系是由人的交往活动产生的，它的'总和'就是交往关系之状况的总和。人的本质只能到由各种各样的交往活动所形成的社会关系总和中去寻找。"（姚继刚，2004）回到马克思的经典论述，"凡是有某种关系存在的地方，这种关系都是为我而存在的"（中共中央马克思恩格斯列宁斯大林著作编译局，2022）。可见，交往是人的生存和发展的必要条件。马克思在他的著作中还反复提到"同别人的实际交往""和他人的交往""互相交往的人们"等。

交往的普遍发展和人的全面发展是密切联系、不可分割的。实现人的个性的自由解放，关键在于人的自我超越，而这种超越在个体中只能是以一种潜能或可能的方式存在。人要实现这种自我超越，必须在一定的社会关系和文化条件下，在与他人的交往活动中，才能使可能成为现实。在全球化交往的时代，狭隘的个人为世界历史性的真正普遍的个人所代替，而"每一个单个的人的解放程度是与'历史完全转变为世界历史'的程度相一致的……只有这样，单个人才能摆脱种种民族局限和地域局限而同整个世界的生产（也同精神的生产）发生实际联系，才能获得利用全球的这种全面的生产（人们的创造）的能力。"（中共中央马克思恩格斯列宁斯大林著作编译局，2009）普遍交往"是每个民族都依赖于其他民族的变革；最后，地域性的个人为世界历史性的、经验上普遍的个人所代替。"（中共中央马克思恩格斯列宁斯大林著作编译局，2009）

（二）哈贝马斯关于交往理性的论述

20世纪末期以来，哈贝马斯的名字已与"交往理性"紧紧联系在一起。尤尔根·哈贝马斯（Jürgen Habermas）是德国当代著名的哲学家、社会理论家，被誉为"法兰克福学派的二代领袖""西方人文社会科学界领军人物"。哈贝马斯以交往理性为核心的交往行动理论，之所以为当代人所关注，主要原因是他深刻地批判了"生活世界的殖民化"，并给人们描绘了哪怕是"乌托邦"式的关于未来美好社会和生活的图景。同时，哈贝马斯的学术思想和研究方法以及对哈贝马斯关于现代交往的理论的运用，也使哈贝马斯的交往理性成为研究和讨论的热点。

1. 关于交往理性的语言学重建

哈贝马斯在他的交往行动理论中，前瞻性地引出了关于语言学的讨论，即关于"普遍语用学"的讨论。哈贝马斯认为"意识哲学"即主体—客体关系的思维模式并不能对交往活动复杂的主体间性和对话性特点进行充分的解释，所以需要寻找新的理论基础，寻找令人满意的解答。于是他开始在"普遍语用学"的基础上建构他的交往理性理论。普遍语用学与一般语用学的区别在于它是研究表达而不是研究语句，是从不被各种情况所限制的表达的事实出发。在哈贝马斯看来，普遍语用学的任务应该是确定并重建关于可能理解的普遍条件。普遍语用学不仅成为哈贝马斯关于"交往行为的一般假设前提"，而且还是哈贝马斯交往理性思想的出发点和基础，是"对取向于理解的言语行为之普遍规则和必然前提给予理性重建。"（J.Habermas，1984）普遍语用学提出并分析了交往资质、理想的交往情景、交往主体之间的责任与义务等内容，试图揭示交往理性的普遍准则。按照哈贝马斯自己的说法，他把交往行为，即"达到理解为目的的行为看作是最基本的东西"，其他形式的社会行为统统是它的衍生物（如冲突、竞争等）。语言是理解的媒介，言语行为是哈贝马斯用来分析交往的关键性概念。

了解了交往行为与语言的关系后，我们将讨论"交往性资质"。哈贝马斯认为"完美构成的语句"应当由三个方面构成："陈述性语句可用于呈现事务的现存状态；意向性动词、情态、语气形式以及其他，可用于表达言说者的意向……'以言行事'的表征物一类，则可用于建立言说者与听者之间的人际关系。"（哈贝马斯，1990）简单概括，哈贝马斯的交往性资质包括：选择陈述性语句的能力，表达言说者本人意向的能力，实施语言行为的能力。交往资质不仅是遣词造句的语言能力，还要把握语句同相应世界（客观世界、社会世界和主观世界）的关系，掌握不同言语行为的合理性要求。交往性资质蕴含和展现的是交往理性在认知与实践层面对交往主体应具备的能力的要求。

阐述了主体的交往性资质后，更重要的是哈贝马斯为交往行为确立了三个有效性要求，这是交往理性的核心内容。哈贝马斯"交往理性"的内涵是从言语行为切入的。言语行为有三个有效性要求"①对一个被陈述性内容或被提及的陈述内容的存在性先决条件，要求真实性；②对规范或价值——在一个综合的关联域中，这些规范或价值将证明一个施行或建立起来的人际关系的正当性；③对被表达的意向，要求真诚性"。（哈贝马斯，1990）与这三方面要求同时相关的言语行为才是真正的交往行为。

综上所述，哈贝马斯对以言行事的交往行为、主体的交往性资质以及有效性要求的分析，在语言学上为我们阐述了交往的合理性，实现了交往理性的语言学转向。

2. 关于社会交往规范的深层讨论

话语伦理学的建立为合理性交往提供了如何获得现实性的伦理学依据。话语伦理学通过对生活中人们对话与交流所赖以遵循的原则与规范的正当性提出怀疑，将交往的合理性延伸到了对交往所遵循的规范和道德命令的合理性的论证，是理论的交往理性向实践的交往理性的跃进。语言是交往主体生存的土壤和人们进行交往的基本条件。在哈贝马斯看来，虽然语言并不是人类交往的唯一工具，但明晰的言语行为总含有某种陈述性成分，能够表达事物的状态，而非语言性行为通常缺乏这种成分。所以，如果运用语言来表达自身，就会获得更为宽广的选择范围，这都归功于言语行为所具有的明晰的表达功能。正是由于哈贝马斯意识到并深刻揭示出话语在建立人际关系中的实践功能，因此，哈贝马斯认为，"话语伦理学"在普遍语用学之后，合乎逻辑地展开了。

话语伦理学是哈贝马斯交往理性对社会批判的伦理学基础。他认为，在日常生活中，人们不免要做出诸如讨论、辩论和商讨等交谈，任何退出交谈的可能性都不存在，每个人都必须参与一个最低量的不可抗拒的交往。而且在日常交往中，当人们对客观事实与现存规范的合理性产生怀疑时，如何才是正当的呢。哈贝马斯的方法就是通过话语的论证和辩论，重新获得共识并取得认同，这也正是话语伦理学的初衷。如何确定规范的"正当性"，按照哈贝马斯的主张，"一切参与者就他们能够作为一种实践话语者而言，只有这些规范是有效的：他们得到或能够得到所有相关者的赞同。"（Jürgen Habermas，1990）同时，哈贝马斯还确立了话语辩论的规则："①每一个能言谈和行动的主体都可以参加商谈讨论；②任何人都可以对每一主张提出问题，任何人都可以将一主张引入商谈讨论中，任何人都可以表达其态度、愿望和需要；③无一谈话者可以通过商谈讨论内或外支配性强制被妨碍体验到自己由上述①②确定的权利。"（Jürgen Habermas，1990）话语伦理学就是通过符合上述条件的商谈与论证，在交往主体的相互作用下，对规范和道德命令合理性进行的证明。

话语伦理学中还有一个非常重要的概念，即交互主体性（或称主体间、互主体性）。依据哈贝马斯"交往行为"的思想，真正的交往是一种共主体或多极主体的互动，是交互主体性的实现过程。哈贝马斯认为，个体的社会化离不开互动参与者互为主体性这个前提，"有了主体间性，个体之间才能自由交往，个体才能通过与自我进行自由交流而找到自己的认同"。（哈贝马斯，2005）"交往理性的范式不是单个主体与可以反映和掌握的客观世界中的事物的关系，而是主体间性关系，当具有言语和行为能力的主体，相互进行沟通时，他们就具备了主体间性关系。"（哈贝马斯，2005）交往行为者在主体间，通过使用语言媒介和文化解释，与客观世界、社会世界以及主观世界建立起联系。正因如此，哈贝马斯认为，人的主体性必须在交往中生成，必然走向交互主体性，并寄希望于通过阐明"交往行为"和具有"交往性资质"的主体及共同遵守的社会规范建立一种交往理性。

3. 社会批判与社会重建理论

哈贝马斯认为，交往理性理论不仅是一种新的社会批判理论，而且还是社会重建的理论，是建立在对现代性话语反思的基础上的，它弥补了工具理性的弊端，并勾勒出没有任何压抑和文化侵蚀的理想社会图景。哈贝马斯在他的现代性批判理论中，先将社会行为区分为四种，即目的（策略）行为、规范调节行为、戏剧行为和交往行为，并根据行为者与世界（客观世界、社会世界和主观世界）之间的不同关系，分析了这些概念的合理性内涵。其中，只有交往行为是以沟通为取向并同时与三个世界相关联。这与前面的理论共同构成了他进行社会批判和重建的基础。

首先，对工具理性的批判转入"生活世界"的视角。生活世界概念的引入是作为交往行为的一种补充。哈贝马斯的"生活世界"是由文化、社会和个性三个要素构成的复杂的系统。哈贝马斯的社会批判理论是站在交往的立场，运用交往理性从生活世界入手对资本主义社会进行解剖。"生活世界的殖民化"，即"独立自主的系统从外部侵入生活世界"，这就是哈贝马斯对现代资本主义社会解剖的结果和诊断的基本病症。系统是指社会从事物质再生产以维持自身生存的机能机制，哈贝马斯认为它是"通过目的活动的媒体进行的"。系统为社会发展动力提供了解释，生活世界则主要解决人的意义与价值问题，侧重的是行为者的价值取向。社会与系统的再生产原则不同，系统的发展体现的是工具理性，生活世界的发展体现的是交往理性。社会的危机在于经济、政治的系统运行使生活世界不断依附于系统命令、不断被殖民化。

其次，关于社会进化的理论。哈贝马斯的社会进化理论，既是对马克思历史唯物主义理论的重建，也是对交往理性理论的进一步完善。通过对历史唯物主义的两个核心成分：经济基础与上层建筑的区分和生产力与生产关系的辩证法的考察，他认为唯物主义历史观对劳动的认识过于狭隘，对资本主义社会危机性发展的合理解释已不能从生产力进步决定社会进步的理论中推论出来，而"交往理论可能对历史唯物主义的更新做出贡献"（哈贝马斯，1989）。哈贝马斯认为，社会进化包含着两种合理化过程："生产活动"或"劳动"的合理化过程和作为"交往行为"的"道德——实践活动"的合理化过程，相比较而言后者更为重要。哈贝马斯并没有放弃作为基本的人类活动范畴劳动，但在哈贝马斯看来，马克思关于生产力和生产关系的理论在社会发展的各个阶段并不具有普遍性，推动社会进化的动力应该是"学习机制"。

（三）马克思与哈贝马斯交往理性理论的比较

通过以上对马克思交往思想和哈贝马斯交往行动理论的归纳和概括，我们发现，在关于人类交往问题上两位思想家有着共同的旨趣，但思路却截然不同。

1. 对"交往"的不同解读

哈贝马斯的交往理论更确切的理解是交往行动理论，因为受行为主义的影响，哈贝马斯更愿意将交往说成是交往行动。关于"交往行动"概念在哈贝马斯那里是个不断完善的概念，不同时期具有不同含义。20世纪60年代他在《作为"意识形态"的技术与科学》中把以符号为媒介的相互作用理解为交往活动。这里的相互作用是指按照必须遵守的规范进行的，而该行为规范又规定着相互的行为期待。哈贝马斯在探讨社会合理性问题的基础上，把交往行动看作是人类社会的合理行动。交往行动同时与自我、社会和客观世界相关，是全方位的行动。

在马克思的视野中，"交往"是多维度多层次的，它与生产、分工、生产关系、实践等范畴密切相关。马克思的"交往"是人们在生产过程中的交往，与生产互为前提，是人存在的基本方式；"交往"是人们的社会生活和社会交往，是一种社会关系。马克思的"交往"范畴含义非常广泛，它概括了全部社会物质生活和精神生活中人与人之间的物质和精神的变换过程，以及在这种变换过程中所形成的一切社会关系。

2. 立论基础不同

马克思认为物质生产决定交往，是一切交往的基础。换句话说，交往是人的社会性存在的方式，是物质生产的前提，但交往的形式由物质生产决定；而哈贝马斯则认为，与物质生产相比，对于存在于口语交往中的人，语言对个体而言更具有先天、不可回避的力量。哈贝马斯与马克思关于交往的理论的根本不同就在于物质生产劳动的基础和语言基础的对峙。

在哈贝马斯的理论体系中，可以看到他与马克思不同的关于交往发展的动力说。哈贝马斯认为无论是社会的进步还是交往的发展其动力都是社会学习机制，主体要获得交往性资质就必须要学习。所以，"知识的内增长"一是科学技术知识；二是道德实践知识，更主要的是后者的增长是社会进化的动力。马克思则认为，交往形式受到一定阶段生产力的制约，交往形式的扩大反过来又促进了生产力的发展。随着生产力的发展，旧的交往形式就会成为桎梏，并由新的交往形式所取代，人类社会也由此发展到一个新的阶段。马克思是从宏观的角度，通过生产力和交往形式的矛盾运动来说明人类社会演进的过程。当然，马克思也从来没有否定过语言的作用，他认为，"语言也和意识一样，只是由于需要，由于和他人交往的迫切需要才产生的。"（中共中央马克思恩格斯列宁斯大林著作编译局，1992）。

3. 对理想社会重建的路径不同

哈贝马斯用人与人之间的交往不断遭到"扭曲",并导致交往行动的工具理性和非理性加剧的事实,分析了物质高度发达的资本主义社会的现实困境和危机。马克思同样对现实社会进行了分析,他认为现实的交往是受控制的、受压抑的和不符合个性发展的、异化了的交往。交往异化的根源在于社会分工。"受分工制约的不同个人的共同活动产生了一种社会力量,即扩大了的生产力。因为共同活动本身不是自愿地而是自然形成的,所以这种社会力量在这些个人看来就不是他们自身的联合力量,而是某些异己的、在他们之外的强制力量。"(中共中央马克思恩格斯列宁斯大林著作编译局,1995)分工的直接结果就是人同人相异化,即交往的异化。所以,由于分工而形成和扩大了的交往必然是某种异己的、在他们之外的力量。"迄今为止的一切交往都是在一定条件下个人的交往,而不是作为个人的个人交往。"(中共中央马克思恩格斯列宁斯大林著作编译局,1995)

关于对理想社会的寻求,马克思认为,消灭私有制和分工实现共产主义社会,是人类社会最高的理想。理想社会是"自由人的真正的联合",是"人对自己生命本质的全面占有",是人的真正的解放。应该看到,哈贝马斯的交往理论旨趣同样是为现代人寻找自由的出路。他认为,历史是不断进步的,人类自身有能力与历史同步前进,因而并不放弃启蒙精神的乌托邦传统,仍深信人性的全面救赎是永远不能放弃的使命和希望。哈贝马斯设想的未来的理想社会是"无限制的交往共同体",是没有压抑、没有权力操纵、公平正义的社会。哈贝马斯试图用"理性的重建"为资本主义社会搭建起实现个人自由和社会合理的通道。

第二章 交往理性的历史及其文明价值

　　交往理性是精神世界的产物及人类文明的成果。精神世界与物质世界不同，物质世界可以满足人的吃、穿、住、行等基本生存需要。人不吃食物会饿死，但不读小说照样可以生存。然而，不管这个物质世界如何丰富，始终不能取消外在目的的规定性，相对于精神世界而言，"这个领域始终是必然王国"。物质生产劳动使人站立起来，人类离开了动物界，而精神生产则使人类从蒙昧、野蛮的时代进入了文明时代，开始了真正意义的"人"的生活。"精神是自然界最美的花朵。它使我们想起亚里士多德和培根的学说、哥白尼和爱因斯坦的理论、屈原和李白的诗、巴尔扎克和曹雪芹的小说、达·芬奇和拉菲尔的画、贝多芬和肖邦的音乐……它使我们赞叹、使我们崇拜、使我们神往。"（李文成，2007）

一、交往理性的历史轨迹

　　交往理性是伴随着人类交往的历史脚步一路走来的。从历时性的角度，以发展和批判的眼光来考察和审视人类交往理性复杂的历史。交往理性的演进是个宏大的问题，这既涉及整个人类交往史，也关涉到不同历史阶段交往关系的变化。在此，我们试图通过理清不同社会形态中交往历史发展的脉络，呈现出不同文明形态阶段的交往理性。"以铜为镜，以史为鉴"，历史为我们提供不竭的思想资源。

（一）远古时代交往理性的萌生

远古时代是人类文明和世界历史的孕育阶段，人类与社会的发展尚处于初始阶段。在这个阶段，人类认识自然和改造自然的能力极其有限，社会关系中还保留着许多原始而野蛮的习俗，社会生产力普遍低下。远古时代人们的生产劳作最初是通过原始简单的协作进行的，当时的最简单、原始的生产协作就是交往的原生形态。

在人猿相揖别的远古社会，人们的生产和交往主要是建立在自然条件和身体自然需要以及自然分工的基础之上。交往集中在采集、渔猎等生产和生活过程中，是一种本能的以维持生存和繁衍后代为目的的、自发的交往。"人们自发地形成家庭、血缘共同体，以及部落战争和偶然的贸易成了个人之间交往的最初社会形式。"（李海滨，1992）远古时代社会交往的特征可以概括为：交往主体是以家庭、血缘共同体的形式出现的，很少有个体交往；氏族是交往的主要组织形式；交往的地域范围和空间范围十分狭小；交往规则是人们共同的习俗。交往理性的产生首先是人类认识的产物和结果，是独立的精神文化。然而，由于原始人认识世界的能力十分有限，不能得出事物存在和发生的真实原因，因此，人类便创造出一些拟人化、人格化的东西来代替事物存在和发生的真实原因，以得到"合理的"解释，由此，原始宗教便产生了。

原始的宗教仪式，为解除劳动疲劳和庆祝收获时唱的歌谣、跳的舞蹈以及在岩石和衣物上的图案等可以看作是原始的精神交流。这是一种混沌的自然自我与自我之外的天地之间的不可名状的交流，但都是围绕着生存展开的，而不是独立的精神交往。巫术、图腾、各种禁忌等还只是精神文化的象征，精神发展仍处于自在与蒙昧的状态。总之，当时的人们还只是一种自然本性的存在，那些为生存和繁衍后代而进行的交往，也只能看作是一种出于"求我生存"的本能。

从远古时代的交往状况以及人们的认识水平可以看出，在原始交往中的意识过程往往比较隐晦。此时"意识起初只是对可感知的环境的一种意识，是对处于开始意识到的自身的个人以外的其他物的狭隘联系的一种意识。"（王丕，1981）个体对自身需要的认识要经过相当漫长的时期，而且是通过积淀集体潜意识中的禁忌、习俗等形式表现出来。所以，交往理性还处在孕育和萌发的阶段。

到了远古时代末期，随着社会分工、产品交换和私有制的出现、发展，私有制和阶级关系逐渐对立，原始的共同劳动、平均分配的公有制开始解体，氏族也随之瓦解，取而代之的是以一夫一妻制为独立单位并按地域原则结成的农村公社。由于铁制工具的使用，原始简单的协作开始向个体小生产过渡，大大提高了生产效率，社会产品增多，社会分工、产品交换和私有制逐渐形成。生产力的发展，推动了人类文明的脚步，人类社会随之进入新的文明时期，人类社会的交往也随之走进了新的历史阶段。

（二）文明时代交往理性的发展

人类进入文明时代以后，社会便进入到以私有制、阶级和国家为具体历史内涵的发展阶段，即农业文明时期。社会形态是指前资本主义社会或前社会主义社会，包括欧洲历史中的奴隶社会、封建社会以及东方的亚细亚社会。与远古人类社会相比，人类的文明时代首先在经济领域发生了深刻的变化，出现了农业、手工业和商业等不同的经济形式；政治上出现了阶级、国家统治机构和社会公共权力，经济和政治的发展带动了社会生活各领域的发展。"把意识的初级形式加工成高级形式，精神生产开始成为社会生产的独立部门。这一过程是在奴隶社会实现的。"（中共中央马克思恩格斯列宁斯大林著作编译局，1995）。

从奴隶社会开始出现了独立于日常生活的精神生产和精神生活。这个时候的交往也在发生变化，以适应社会的生产劳动和人们日常生活的需要。在农耕时代，社会结构不是按血缘来划分，而是按区域、语言、民族等划分，人们的交往范围在地域和空间上有所扩大。概括起来，传统社会的交往，在空间上具有明显的地域局限性；在交往主体上，以家庭、血缘关系成员为主，与农业性村落的成员和邻里之间的交往逐渐频繁，民族、国家作为主体的交往也在增多；交往的主要内容是围绕着日常生活中的衣食住行、饮食男女、婚丧嫁娶、生老病养等展开，围绕商业和贸易进行的交往也在不断兴盛；交往的规则首先是遵从等级森严不可逾越的统治阶级的意志，同时"受传统的道德、习俗、禁忌、基于自然主义的社会习惯、家庭礼法以及天然性的情感调整和支配。"（中共中央马克思恩格斯列宁斯大林著作编译局，1995）在交往的类型上可以明显区分为政治交往、经济交往、文化交往，还有宗教徒之间和信奉共同神灵的信徒之间的宗教交往，最为普遍的是大众的日常生活的交往。

　　从人类进入文明时期以来的经济形式、政治制度和交往状况看，交往理性在这一时期的社会交往中逐渐产生。由于传统社会的社会结构（这里主要是指狭义的社会结构，即指由社会分化产生的各主要的社会地位群体之间相互联系的基本状态。这类地位的群体主要有：阶级、阶层、种族、职业群体、宗教团体等。在阶级社会中，阶级结构是理解其他群体的地位和作用的基础，阶级关系决定着整体社会和各个社会群体的发展方向）以阶级分化和阶级对立为主要特征，社会被占统治地位的阶级操控，除了武力或暴力之外就是在思想领域即对意识形态的控制。为了统治的需要，精神层面的东西包括知识、文化等，被统治阶级垄断，成了为统治阶级服务的意识形态。不仅如此，统治阶级还掌控着话语权，对被统治阶级进行带有愚民性质的思想灌输，"上智下愚"为阶级社会的统治者所推崇。

　　欧洲的中世纪，更是一个精神的极端、信仰的极端和宗教的极端时期，是宗教迫害、审判异端、火刑架熊熊燃烧的世纪，宗教势力在思想文化方面形成一元垄断，可谓是万流归宗。被统治阶级的思想、精神等意识领域处在被控制、被操纵阶段。交往理性作为精神世界的产物，它是与人的意识、人的自我意识发展程度相关的。所以，传统社会的交往理性在不同阶级等级、阶层的人或群体中是有区别的。同时，体现在交往活动中的交往理性更多的是一种阶级的、群体的意识。个体理性除在少数人，如达官贵胄、书香门第、名人大家那里与阶级的群体理性相分离之外，处在社会中下层的普通民众，无论是人身还是在思想上都脱离不开带有阶级属性的群体。交往无论在日常生活领域还是在非日常生活领域都存在着强烈的人身依附关系。在传统社会，每个人都带着确定的规定性进行着交往。虽然个人之间的关系表现为明显的人与人之间的关系，但他们只是作为具有某种（社会）规定性的个人而相互交往。

总体来说，文明时期传统社会的交往理性，它是基于人身依附关系有差别的群体理性（个体意识还没有完全与群体意识分离开来）。同时，鲜明的阶级性或宗教归属性、宗法制度观念是交往理性的基本特征。具体讲，无论是群体理性还是个体理性，都是人的理性，但是，不同的传统社会结构（阶层），其交往理性是有差别的。据此，我们可以将传统社会的交往理性区分为以下几种情形：精英阶层的交往理性、统治阶层的交往理性、中低阶层的交往理性。

首先，精英阶层的交往理性。"精英"一词在汉语词典中解释为：精华；卓越人物；泛指在一项或多项领域的优秀人才和领导者（如科学家、政治家、学者、军事家）。包括现代意义上的政治精英、经济精英、文化精英、技术精英。人们通常理解的精英，一定是有社会地位，或有知识，或有财富，或有功名。本书中的精英不是指建立在政治经济基础上的特权阶层，而首先是文化精英，他们掌握和创造着先进文化。"我国汉语大词典对精的定义：形声字。从米，青声。本义是挑选过的好米，上等细米。对于'英'的解释是：英，草荣而不实者。那么对精英这个称谓也就有了大概的了解了。'精英'一词最早出现在17世纪的法国，意指'精选出来的少数'或'优秀人物'。"（王啸林，2019）精英是那些"为天地立心，为生民立命，为往圣继绝学，为万世开太平"的人。

无论过去还是现在，精英都是经过淘洗而珍藏起来的精华。在传统社会，"中国历史的精英阶层是以士大夫为主体结构。先秦是中国精英阶层的雏形与嬗变阶段。其大概经历了'巫师—祭祀阶层—礼乐阶层—儒生'四次的跨越和嬗变。颛顼时代巫师作为精英阶层破壳而出，祭祀阶层是在周公改制的大背景下出现的，到孔子、孟子则将祭祀团体建设成为礼乐团体，其精英阶层的理论重构已初步完成，至西汉武帝，通过'罢黜百家、独尊儒术'的文化措施，正式奠定了中国精英阶层的成型。"（王向辉，2007）精英阶层的交往理性与他们所觉解的人生境界相关，虽有阶级和时代的局限性，但在把握人与天地之间、人与人之间、人与自我之间的关系上，已经形成了超越外在物质的、超越时空的理想信念意识，与社会群体性意识是相对独立的，形成了与之相应的交往之"道"。

其次，传统社会统治阶层的交往理性。传统社会的统治阶层是在政治和经济上享有特权的阶层。在西方的基督教社会，政教分离，教会不但控制着人们的思想，而且是一种足以与世俗王权相抗衡的力量，甚至成为统治阶级。他们利用手中所享有的权利和经济资源进行思想控制、政治统治和物质剥削，他们是中低层依附的对象。统治阶层的交往理性与他们头脑中根深蒂固的统治意识和权利意识是分不开的。统治阶层在公共领域和私人领域的交往是相互渗透、相互侵扰的。"宗法制在政治领域中突出的作用主要表现在三个方面：第一，政治地位和政治权力按照血统世袭更替，长子继承制作为一种明确的、制度化的惯例被确定下来。这种地位和权力沿袭的方式在经济活动中也普遍被采用。第二，权力关系如君臣关系、上下级关系、官民关系常常被看作是基于血缘关系之上的父子关系的扩大。第三，人情化的情感关系在政治、经济权力的运作和行使过程中不成文地发挥着实际的作用。"（中共中央马克思恩格斯列宁斯大林著作编译局，1995）日常交往只能看作是统治阶层政治统治在日常生活领域的延伸。统治阶层最大的政治就是维护自己的地位和权利。所以，他们的交往活动，不是旨在实现理想的人生境界，而是为满足无止境的权利贪欲。

最后，传统社会中低阶层的交往理性。人类进入文明时期以来，无论中西方，其社会结构都是呈金字塔形的，社会的中、低层占人口的绝大多数和资源的极少数。传统社会的中低阶层包括农民（耕农、佃农、雇农、农奴等）、手工业者、个体商户和知识分子等，他们是社会的劳苦大众，其人身权利、政治权利和文化权利都没有保障。中低层的交往集中在围绕日常生计的交往上，以实用为原则，同时受封建宗法、宗教和伦理的压迫。他们交往的地域范围狭小、接触的人有限、受教育的程度低，所以在他们的意识里，交往主要是满足日常生产、生活的需要，关于精神层面交往的价值，对于他们来说就是"存在着的无"。几千年来受压迫、受剥削、受奴役地活着，不仅束缚了他们的手脚，而且麻痹了他们的思想，成了落后时代的"愚民"，逆来顺受，没有创新精神。这种精神状态仍然左右着一些现代人的思想和行为，致使他们缺少创造力和创新精神。

应该看到，在传统社会里作为人们精神寄托并作为调整社会关系方式的宗教，无论是王权贵族还是社会底层的劳动者，都同样对宗教怀有敬畏之情。从文化哲学的角度分析，宗教在当时充当了解释世界的工具，宗教文化抑制了科学文化的发展，宗教思想在很大程度上左右着人们的物质和精神交往活动。宗法、伦理、宗教共同支配着人们的交往活动，他们共同构成了传统社会交往理性的价值和规范的维度。

（三）现代社会交往理性的时代超越

20世纪英国著名历史学家汤因比指出，当代的文明发端于15世纪的欧洲，经过17至18世纪的传播和发展，到19世纪末20世纪初全面成型。现代文明是以西方一些国家的工业化和资本主义的确立为重要标志的。在马克思看来，社会的不同并不在于生产什么，而是看它怎样组织生产，生产方式的不同决定了文明程度的不同。西方社会经历了漫长的中世纪之后，逐渐孕育出了资本主义生产方式的萌芽。从14—15世纪开始的几百年间，经过了文艺复兴、宗教改革和启蒙运动。资本主义因素在科学技术的发展和文化观念变革中，经过手工作坊到复杂的工场手工业最终发展出机器大工业的社会化大生产，随后确立了商品经济和市场化社会。由此，西方一些国家率先进入了工业文明时代，实现了由自然经济向商品经济、由农业文明向现代工业文明的转变。

采集—渔猎文明是古代社会在自然环境恶化的条件下，实现的人由动物本能向人类劳动生活的转变；农业文明是在古代文明条件下，实现了人们由采猎自然界天然成果的动植物向种植饲养农畜产品的转变；工业文明的出现，实现了人类向利用自然资源进行加工生产的转变，现代工业实现了人类文明的历史性飞跃。与西方资本主义社会现代文明的进程相比较，"中国现代化的第一个运动是曾国藩、李鸿章以及张之洞等人所领导的洋务运动，洋务运动只理解到西方现代文明'物质的技器'层次，重点在'开铁矿、制船炮'。"（金耀基，1996）中国的现代文明由清末至今，经历了整个20世纪，目前仍然处在由传统的农业社会向现代工业社会转变的阶段。

现代社会在物质层面上的发展决定了现代社会交往的状况。随着社会生产力的发展进步，人们的交往范围开始扩大，交往内容、交往的方式越来越丰富，思想的解放程度也在提高，对人与人、人与社会和人与自身的关系的认识也在逐步深化，对交往的理解与认识也在发生改变。尤其是在现代文明肇端的西方社会，经历了宗教改革、文艺复兴和启蒙运动的洗礼之后，继封建文化和宗教文化之后，人类进入了科学文化的发展阶段。科学文化的崛起，是人类思维意识发展和人类文化发展的必然产物。"人类的思维必然要发展，意识诸成分必然要趋于成熟而分化开来。当认识与情感分化开来之后，情感因素未能立即发达起来，而认识因素则迅速发展壮大起来，认识高度发达的产物和形态就是科学"（韩民青，1990）。无论是在科学技术领域还是在思想艺术领域都造就了许多的时代巨人，产生了推动时代进步的科技和思想。

人类进入现代工业文明之初至第二次世界大战结束期间是大规模战争频发的年代。战争历来是人类交往中解决争端和冲突的方式之一。分析二战以来的世界范围内的战争交往，其一是缘于"地缘性交往的频繁，使血缘性交往日渐淡化，交往的主体随之强化，以国家、民族、地区为单位的自我中心主义，在交往过程中膨胀起来。……这种表现还同一些大帝国统治者的'世界之主'的霸权意识有关。……此种自我中心主义不是这些统治者的专利，也不是传统交往所独有，它成为地缘性特征而积淀于大众社会心理深处，并长期影响于后世的政治文化交往过程。欧洲中心论、霸权主义、种族歧视、地区偏见等当代的交往之垢，皆源于此。"（彭树智，2001）其二是缘于科学技术带来的人类征服自然能力的提高，人类在自然面前获得了空前的自由与解放。然而，在封建和宗教时代长期被禁锢起来的人的需要与欲望一旦无限释放，"需要与欲望"在物质层面的满足和实现往往导致掠夺或侵略战争。

二战以后的世界以"和平与发展"为主旋律，国家之间解决问题的方式以求同存异、和平对话为主，许多国际组织应运而生；国家内部在政治、经济、文化等领域的活动秩序开始建立与完善，现代道德和法制成为社会交往活动的秩序。20世纪80年代以来"全球化"的出现，极大地影响和改变着人们的生活和观念。全球化首先是经济的全球化，全球经济活动通过超越国界的对外贸易、资本流动、技术转移、提供服务、相互依存、相互联系，形成了全球范围的经济整体。经济交往的全球化，必然带来政治交往和文化交往的全球化发展。在经济和网络信息技术的支撑下，交往迎来了前所未有的时代，即交往的全球化。当前交往最突出的表现是交往的多样性，即交往主体的多样性（国家、民族、社会团体、组织、个人等都成为交往的主体）、交往内容的多样性（囊括了社会生产、生活的各个领域）、交往方式的多样性（尤其是信息时代的计算机网络交往）、交往观念的多样性（多元的价值观念）等。

根据现代工业文明以来的交往状况分析，科技和文化的发展影响和改变着人们传统的交往观念。在现代社会，人们越来越重视交往对个人、社会乃至人类发展的作用。人是"一切社会关系的总和"的社会本质属性已得到人们的普遍认同和关切。科学技术的发展给我们的生活带来日新月异的变化，实现了那句"没有做不到的，只有想不到的"至理名言。当人们正在为丰富的物质世界喝彩的时候，战争、自然灾害和经济危机、生态危机总是"不适时宜"地来个当头棒喝。痛定思之，繁华的物质追逐和名利场上的"厮杀"，其背后是精神的匮乏、意义的丧失和主体的失落，人类精神的饱满程度远落后于物质。现代人类的交往被物化，物质越发达交往异化的程度就越严重。现代人之所以是现代的，因为他们是知道和懂得反思的。问题在于当其反思建立在工具理性之上时，价值理性往往被漠视而边缘化了。交往在某种程度上成了满足人的极度膨胀的物质欲望的工具，导致交往本身所具有的精神价值的缺失。在"知识就是力量""科技是第一生产力"的时代，科学只是一种手段，它无论如何也摆脱不了为人类其他目的服务的地位，因此，不能把科技的无限发展看成是人类的最终目的。其实，科学技术只不过是让人类的各种物质需求得到充分满足的工具，不能达到一个崇高的精神境界。

二、交往理性对人实现自我的价值

人作为有意识的生命存在，始终处于发展中。人的发展可以从物质的和非物质的两个方面去衡量。在交往实践中，无论是物质交往还是精神交往，都进行着文化的传播和思想的碰撞。在这个过程中，交往理性是交往中更深层次的东西，对于个体来讲，它是一种观念性的存在，是人对"为何交往"和"怎样交往"的思考。应该承认，交往理性对人在物质层面上的发展功不可没，但交往理性对人最深刻的影响，是对人的自我实现的价值，集中体现在思维方式的转变、人生境界的变迁以及社会关系的和谐等方面。

（一）交往理性对思维方式的影响

作为认识论的思维方式"是指一定时代人们的理性认识方式，是按一定结构、方法和程序把思维诸要素结合起来的相对稳定的思维运行样式。"（沈湘溶，等，2010）从文化哲学的角度解释，"思维方式是人们在长期的实践活动中形成的精神文化存在方式，是人们以实践为基础，把握一切事物的思维结构模式、程序、路线和思维定势，具有持久性、稳定性、普遍性和习惯性的特点。"（刘慧，2004）"从现实来看，人的思维活动除了要有被思维的客体之外，还要思维主体有一定的经验或知识、若干思维方法、某种思维结构以及须遵循的思维规则等等。"（许瑞祥，1994）由此可见，思维方式以知识为基础。当然，知识作为基础也并不是在各种具体知识的直接形式上实现的。任何时代的知识由于不可避免的局限性而无法详尽地描述世界的一切方面，所以需要以最抽象的概念形式勾画出世界的整体图景，形成关于世界的一般认识即世界观。

世界观是人们用思维把握世界的根本观念，是思维方式的核心。知识发展没有止境，人们对世界的观念性把握也不可能停留在同一个水平上。因此，一个历史时代有一个历史时代的思维方式。比如，原始社会思维方式的基本特征是"万物有灵"；古代社会的思维方式具有朴素的辩证法的特征，人们对事物及其相互联系的把握，由于受认识水平的局限，多是从具体物质形态变化出发，直观地把握世界；中世纪的欧洲，"上帝创世"是人们思考问题和解决问题的唯一的思维方式；近现代社会以来，"形而上学"和"唯物辩证法"两种思维方式一直影响着人们在日常生活领域和非日常生活领域中的思维活动。

从个体发展的角度讲，思维方式的发展进步是人自身全面发展的一部分。思维方式是人与外部事物相互作用的中介，实践活动是思维方式得以实现的土壤，思维方式是实践方式的内化。交往是人最基本的实践活动之一，人对"为何交往"与"怎样交往"的思考，必定深刻地影响着人的思维方式。交往理性是交往中人和社会显在和潜在的秩序，是支配交往行为的主观依据，其核心是交往中的主体性问题。

从文化维度来看交往理性，它是人在思考自己时代遇到的文化问题中形成的，是对交往世界的真理性、合理性、完美性的寻求，其价值归宿指向人的自由。从物质的、经济的角度看，当今世界，人们的思维方式与物质的发展并不同步。从整体上讲，我们在思维方式现代化的道路上进展缓慢。当然，现存的思维方式有它的合理性，又有其历史局限性。中国几千年封建社会奠定了家族本位、人伦本位的文化基调，因此，中国传统思维方式带有浓厚的人文色彩，它表现在价值判断上，就是以善代真，以情代理，缺少理性。除此之外，在现代社会文化转型的过程中，多元的价值观念不可避免地处于相互矛盾与冲突的状态之中，导致人们在是非立场上的混淆，在合理与不合理的问题上分辨不清。思维方式的种种局限无不说明了实践活动的局限性，比如非理性实践对生态环境的破坏，非理性实践对社会道德的践踏，如此种种导致了人与人交往的异化。

交往理性在价值层面上的思考，将通过改变人的思维方式，消解交往的异化，以及人的异化的状态，在正确的交往理性指导下的交往实践，才能打开人们认识世界的眼界、更新人们的知识结构，提升个体对世界、对人自身和对价值在观念上的把握程度。同时，个体作为社会主体在思考问题和实践的过程中，理性的力量占据了主导地位，那么，人自身所具有的非理性因素也会朝着更积极健康的方向发展。人的活动合理了，人的思维方式一定是合理的。人的思维方式的发展和改变，影响着人们生存和发展的前景。

（二）交往理性引导人生境界的提升

"境界"一词的含义在悠久漫长的中华文化的沁润下，有了丰富的内涵。"境界"作为名词，一是指疆土的边界；二是指事物所达到的程度或表现出的状况。现实中往往引申为人的行为、生活或精神的某种状态或人性能达到的某种层次。

"人生"是指人的生存与生活的过程。其实生存与生活本身就是存在的不同境界，生存是指自然生命本能的延续；生活则是人所特有的区别于动物的特殊的存在方式。人生境界作为一个合成词，为我们把握人生真谛提供了理想的空间。人生境界是对个人修养和人生发展状况的描述，"指主体以内在本性为根据，在一定的时空情境下，内在精神修养所达到的水平和境域，是人生活于其中的意义视阈和心意状态以及人性所能达到的层次和高度。"（单连春，2006）哲学家冯友兰在《新原人》一书中曾说，"人与其他动物的不同，在于人做某事时，他了解他在做什么，并且自觉地在做。正是这种觉解，使他正在做的事对于他有了意义。他做各种事有各种意义，各种意义合成一个整体，就构成他的人生境界。不同的人可能做相同的事，但是各人的觉解程度不同，所做的事对于他们也就各有不同的意义。每个人各有自己的人生境界，与其他任何个人的都不完全相同。"（冯友兰，2013）冯友兰把人生境界划分为四个等级，从低到高分别是自然境界、功利境界、道德境界和天地境界。人生境界是人的一种精神状态和生活方式，它以人生价值、人生意义、人生态度和人生修养等为主要内容。在中国传统文化中，如"朝闻道夕死可矣""自强不息，厚德载物""绝圣弃智""天地与我并生，万物与我为一""达则兼济于天下，穷则独善其身""斯是陋室，唯吾德馨"等都从不同方面和角度论述了人生的理想境界。

交往境界是人生境界的一种表现形式，对交往理想境界的追寻和渴望，一直是交往世界中的人在不懈追求的目标。交往理性是人、社会和某个时代精神状况的体现，表征着一种境界。按照西方哲学的观点，可以把交互主体性的生成，看作是交往的最高境界；在我国的传统文化中，交往的最高境界是天人合一、民胞物与，或庄子所说的"天地与我并生，万物与我为一"。这里都是把交往的相对方看作是与"我"一样的主体，即共主体或多极主体的实现，所以，交往理性与人生境界是共通的精神性的存在。

交往理性与人生境界相互关联的另一个方面在于，无论什么人生境界和交往理性，其最独特之处都在于它们的体验性、超越性和实践性。精神性的东西往往是一种体验，正如"只能意会，不可言传"。所谓体验性，是指通过体验而被感知。体验的获得主要是通过知、情、意来实现的。"知"是指认知、知识层面；"情"即情绪和情感；"意"是意志、意念等心理活动。正如冯友兰先生所说的"觉解"，解，就是了解，必须依赖概念，即"知"得越多，了解得就越全面；觉，是自觉，是一种心理状态。觉解多者，其境界高；觉解少者，其境界低。认知层面的能力是任何体验和境界的生成所不可缺少的、基础性的东西，正确的人生态度和交往观的树立有赖于此；情绪、情感、意志等非理性因素，是人在交往和生活中，对个性的表达需要具备的内在要素。超越性体现了人的尚未完成性以及人对自由永无止境的追求，为生活带来了可能。所以说"没有最好，只有更好"。精神的生成与外在表现更主要的是依赖于实践。"人皆可为尧舜"，境界不是先验的，它是在后天的实践中构建和提升的，任何力量都不可以阻止或剥夺一个人对崇高精神境界的追求。同时，境界的实践特性还表现在境界的变动性上，不仅会出现高层次的境界对低层次境界的超越，还会出现高层次的境界逆转为低层次的境界。

交往理性对人生境界的提升，首先体现在交往理性对人生体验的理性引导。体验是感性和理性相互交织的，在理性引导下避免了非理性的妄自尊大和自我感觉良好等失真的体验，理性引导下的情感、意志才可靠，对人生的体验才更真实和确切。真实的体验是人生境界生成和提升的前提性因素。交往理性对人生境界的提升还体现在实践性上。人生境界的生成，以及人生境界的高低，只能通过实践检验。

在主、客体关系不断变化的交往中，当人们更多地注重自己作为主体的利益时，功利境界可能占优势；当人们更多地关注客体和把他人看待成同自己一样的主体时，道德境界可能占优势。越高层次的交往理性越能提升人的境界，越高层次的交往理性也越能在交往中淋漓尽致地展现高尚的人生境界。其实，人生境界和交往理性是人的精神属性在交往过程中的不同表现。广义上说，人生境界包含交往理性，从这个意义上理解，交往理性是人在交往中的境界，人生境界的高低直接影响着交往理性的层次。但人生境界中关于人生的价值、人生的意义、人生的理想、人生的态度和人生的修养等方面的内容不是一下子、齐头并进地形成和得到升华的，交往理性在交往的世界给人们以无限的空间和可能性。

（三）交往理性构建和谐的人际关系

人际关系是极为普遍的社会现象。顾名思义，人际关系就是人与人之间的关系。人际关系本质上是人与人之间心理上的关系，是在交往活动中的人与人之间的心理接触，即心理距离。人与人之间心理距离的疏密程度决定了现实社会中人与人之间的远近亲疏。从交往的角度理解，"际"字有"彼此之间""会合"和"交际"的意思。"人际"作为名词，指人和人之间。人际也可以理解为人与人可以在此、在彼相遇、相关，甚至相互伤害。在这个过程中人与人之间就会形成和谐的、困厄的、深刻的、肤浅的，甚至是无从描述的关系，即人际关系。

人际关系是人们赖以生存和发展的重要因素之一，那种"鸡犬之声相闻，老死不相往来"的社会已不复存在，任何人都生活在社会关系网之中，这也正是现在人们常说的"人脉"（人际脉络）。在形形色色的人际关系中，美国华盛顿大学言语传播系教授约翰·斯图尔特认为，人与人之间主要有三种不同品质的关系，一种是被称作"人格的"（personal）关系；一种是"次人格的"（quasi-personal）关系；还有一种是"非人格的"（impersonal）关系。"人格的"关系是一种高品质的人际关系，即我与你协商对话的关系；"次人格的"关系（或称社会角色时的关系）是一种依托于人的社会角色的事物关系。在这种关系中，个体往往忽视或未意识到他存在的真正的价值；"非人格的"关系是指那种彻底工具化或物化了的人际关系。人与人从相识到相交，总避免不了他人"有何用"和"如何用"的目光的审视，人与人的交往最终变成了人与人的周旋和应酬。在此过程中，必然会出现相互利用、相互猜忌、相互损害等情况，甚至是破坏人际关系和谐的状况。

显然，良好和谐的人际关系能使人产生一种归属感，能满足情感宣泄的需要，能在人遇到困难和挫折时给予其力量和支撑；反之，会让人感到孤独、沮丧、压抑，常常陷入孤立无援和莫名的紧张的状态中，久而久之，会导致你的性格变异，乃至心理变态。可见，只有和谐的人际关系才能提高物质丰富的社会中人的生活质量。

"人际关系和谐是指人与人之间关系的一种状态，这种状态表现为人与人之间的平等互信、融洽友好、文明有序、团结互助。"（王莹，2009）人际关系和谐的状态并不意味着没有矛盾、没有差别，它是一种和而不同、求同存异、包容多样的和谐，是在不断解决矛盾中运动、发展、生生不息的动态和谐。当代中国，人际关系和谐对于社会主义和谐社会的构建有着十分重要的意义。因为，只有人际关系达到了和谐，才能使各种社会关系协调顺畅，也才能使各种现实矛盾得以化解，社会才能安定有序、才能和谐。

　　然而，要实现人际关系的和谐，需要一系列条件的保障，这就是社会的公平正义，如社会民主政治的高度发展、完善的制度建设和道德建设等。其实，这些外部的保障的内容和进步程度，无不内化在人们的交往行动中。交往理性就是社会政治、法律、制度、道德等上层建筑在人们交往中的内化，是交往中人和社会显在和潜在的秩序，是支配交往行为的主观依据，其核心是交往中的主体性问题。主体性问题正是人际关系的核心问题。交往中人与人之间如果双方都能视对方为同"我"一样的、平等的主体，这样的交往就能实现相互理解、沟通，结果无论是达成共识，还是求同存异，都会形成美好、和谐的人际关系，也就是"人格的"（personal）关系；如果双方在交往中视对方为客体或无视自己的真正价值和主体性的存在，人际关系就会降格为"人与事"或"人与物"之间的关系，即"次人格的"（quasi-personal）关系；如果人与人之间的交往纯粹是为了相互利用的工具性往来，那就是"非人格的"（impersonal）关系。

　　交往理性不是传统理性，不只是价值理性或工具理性，它是二者的有机结合，是真善美的统一。交往理性应该是主体间的相互尊重，是一种生活世界的交往合理性。人类应该运用交往理性规范指导自己的行为，使之合乎理性。值得说明的是，通过科技进步所取得的成果，表明科技是理性最高和最纯粹的体现。同时，这也成为当今人们攻击理性的把柄。理性的本质不等于理性的外部形式，但是人们往往把理性的外部形式误解为就是理性的本质，从而使理性的本质迷失在理性的外部形式之中，这成为丧失理性的根源。

　　人际关系中存在的问题只有在交往中才能得到解决，只有在交往中，个人才能克服自身的局限，实现人与人的相互理解。人与人之间的关系集中表现在人与人之间的价值关系上。当自我价值与他人价值、自我价值与社会价值发生冲突的时候，交往理性会从理性的角度、价值的角度和文化的角度最大限度地实现"追求经济利益与合乎道德规范、维护自我权利与承担相应责任、守望个性与相约共识、彰显主体自由与遵循技术规范、诉诸情性与指向规约等的有机统一。"（龙柏林，2005）不仅如此，交往理性还能够防止各个领域对人际关系的僭越（如哈贝马斯所说的系统对生活世界的殖民）。交往理性会对偏离美好和谐的人我、群己关系进行矫治、扶正，最终是要在交往中、在全社会乃至全人类实现人与人之间都充满真挚情谊，人人都有崇高的理想，人人都有对美的向往和执着追求，人际关系和谐的交往社会！

三、交往理性对社会发展的意义

交往活动虽然是主体与主体之间的交往，但交往不是在真空中进行的，它离不开社会这个大环境。同时，交往理性作为一种精神品质通过主体的交往实践作用于社会，并产生着巨大的实践价值和精神价值。社会的经济、政治和文化等各方面的发展都会受到交往理性的影响，或者说，社会在经济、政治和文化等方面的发展观，就是这个时代的交往理性在不同领域中的体现。马克思主义者的理想是要最终实现人的个性自由而全面发展，而人的发展依赖于社会的发展。社会的发展不等同于单纯的经济增长和物质财富的积累，不等同于环境适应能力的增强和资源利用水平的提高。发展不仅是社会各系统自身的进步与完善，更是各系统之间的共同促进、和谐共生，社会发展的理想状态就是和谐社会。和谐社会是人类孜孜以求的一种美好社会，是马克思主义不懈追求的一种社会理想。交往理性对社会和谐发展的观照，可以从以下几个方面来考察。

（一）交往理性对经济发展的价值

发展一直都是一个国家、民族和社会最关注的问题。在发展过程中，社会经济的发展是政治和文化发展的基础，经济的发展程度和发展质量直接影响了社会各方面的发展。当代社会正处在经济发展的巅峰时期，人们的生活质量和幸福指数也有了相当程度的提高，这是经济发展预期结果的实现。然而，当人类肆无忌惮地从自然界攫取自身所需并用于为自己谋福利时，导致环境恶化越来越严重，如水源污染、大气变质、原油泄漏、土地荒漠化、盐碱化等等恶果，让人类付出了巨大代价。当人们意识到问题的严重性和紧迫性时，开始反思自己的行为。人们开始意识到，凡是靠对自然界的横征暴敛获得的经济增长，除了暂时的获利者，根本就没有所谓的赢家，人也因此生活在经济发展的悖论所带来的压力和痛苦之中。在对社会各种不合理的经济发展进行审视的同时，人类的发展观已经开始由单纯追求经济增长向人文视野的回归。

首先，交往理性为经济发展提供了合理的价值引导。经济发展的价值导向决定了社会经济能否健康、和谐的发展。经济行为本身是以追求利益最大化为目的的行为，经济价值本身又是物质层面上的价值，如果经济发展仅以追求利益为目的，那么经济活动将彻底沦为人们为自己谋利的工具性活动。纯粹工具理性引导下的经济的增长，只能说是简单的、粗放的、数字的增长，其实质是经济的扩张。这种扩张会在利益的驱动下让人和社会丧失理性，达到一种唯工具理性，使人与自然的关系恶化、人与人的关系物化。经济发展的失谐，病灶在于价值理性的式微。

其次，价值理性和工具理性在交往理性中的有机结合，为经济的和谐发展提供了价值引导。交往理性作为一种精神力量，能在社会经济交往中，弱化非理性的消极作用，抑制理性的工具性倾向，增强人们在追求物质利益时对外在的理智审定的能力，能够把外在尺度与内在尺度相结合，实现经济活动中的合目的性与合规律性的统一，这样人与自然才能和谐相处。同时，交往理性的精神追求和审美情趣使价值理性在经济交往中得到彰显。作为一种社会理性，它会引导人们在经济生活中将物质生活质量与精神生活质量并举，将眼前利益与长远利益并举，将物质享受与自我提升并举，也因此会给经济发展带来生机和活力。

最后，交往理性加强了经济发展的道德规制。交往理性的核心是交往主体性问题，交互主体性和交往社会的生成是交往理性的旨趣。所以，交往理性内蕴着道德规范，它是人的行动和社会运转的显在和潜在的秩序。道德是调整人们之间以及个人与社会之间关系的行为规范，它是一种依靠社会舆论、人们的信念、习惯、传统和教育来起作用的精神力量。交往理性会对社会经济的发展进行道德审视并作出道德评判。其实，在经济发展中，从主体的角度讲，追逐利益最大化是主体力量的一种显现，问题在于这个追逐利益最大化的行为如何与作为这个行为的相对一方相协调，这涉及道德问题。经济发展中交往理性之所以能够加强或强化道德规范的作用，关键在于交往理性会将交往中人与人之间的交互主体性的理念带到社会经济活动中，实现交往主体之间的平等、真诚和理解、沟通，真正视对方为同"我"一样的主体。这样的交往理性在个人或社会中生成以后，但可以使人与人在社会经济交往中形成共鸣、达成共识。所谓"物以类聚，人以群分"，有着共同操守和高尚人格的群体会在经济交往中实现互利共赢，而且会感染周围的人；那些自私自利的交往会在这里遭到道德谴责，甚至会被排挤到交往的边缘。如此，唯利是图的经济行为将会得到有效矫治。

（二）交往理性对民主政治的价值

政治所要处理的主要是国家生活的各种关系，包括阶级之间的关系、阶级内部的关系、民族之间的关系、国家之间的关系等。在社会主义条件下，政治生活的主题主要是处理人民内部矛盾的问题。政治发展一般是指现代化进程中的积极的政治变迁。现代化不仅指经济范畴，还包括经济、政治、社会、文化及人自身在内的庞大的系统工程。政治是社会和谐的前提和保证，正所谓"政通才能人和"。在我国，建立社会主义民主政治已经成为社会主义现代化建设的重要目标之一。

首先，交往理性为政治稳定营造安定和谐的氛围。政治稳定是政治和谐发展的前提和保障。尤其是我国正处在全面建设社会主义现代化国家开局起步的关键时期，需要把保持政治稳定放在政治发展的首要地位。政治稳定包括政党、政府、政权、政局等有机联系的各个方面的稳定。保持政治稳定的途径有很多，其中和谐的社会氛围是政治主张得以实现的土壤。政治稳定是以人心稳定为前提的，"人心思安，人心稳定，则政治稳定；人心动荡，人心不稳，则政治不稳"（骆郁廷，2003）。人心是否安定，根本上看取决于一定社会经济、政治本身的发展状况，但同时也取决于社会成员的理性、价值观念是否合理。政治主张和政治发展必须通过寻求理解、对话沟通、求同存异的途径才能真正实现。交往理性为政治生活提供了合理的、积极向上的交往理念。同时，交往理性为人们的政治实践提供了价值指引与评价尺度，并能够合理地调节个体与集体的利益冲突，从而实现社会政治局面的稳定。在更高的层次上，交往理性是一种心灵秩序，引导人们在政治交往中，在追求个人权利的同时，在精神上也要实现真、善、美的统一。从这个意义上讲，交往理性是在思想观念的层面上凝聚了人心，为政治生活和政治交往营造了协调有序、安定祥和的氛围，可以在社会成员中形成共同的政治理想和为之大胆地、积极地、甚至义无反顾地去行动的精神力量。

其次，交往理性加强了主体的政治自觉，推进了民主政治的进程。由于政治在人类社会生活中的统率地位，因而，政治发展往往容易受到人们（特别是掌权者）主观意志的左右，这正是政治发展的现实难题和独特魅力所在。政治的核心是权力，权力由人来操控。因此，民主是政治和谐发展的核心。政治民主可以通过制度、法律的完善逐步得到实现。但"如果从人类生存与政治发展的关系来看，真正意义上的政治发展就是不断扩展人的政治自主性，即促进人们成为政治生活的主人——自觉、自动、自主、自治的人。"（虞崇胜，2008）从这个角度讲，政治民主的关键在于人。一个社会政治民主的程度，从根本上说是这个社会的社会成员政治自觉程度的反映。社会成员的政治自觉就是人的主体自觉在政治活动中的体现，换句话说，就是在政治活动中，主体对自己主体性和对他人主体性的意识程度。用交往理性来解释，就是交互主体性的生成。政治交往与日常生活中的交往有所不同，主体的自觉程度关涉双方在政治交往中能否达到沟通理解。政治自觉性高的个体，政治参与度就高，知道应该享有哪些权利，通过哪些渠道可以实现这些权利，以及权利的实现相应地要承担的责任。相反，政治自觉性差的个体，在政治交往中首先把自己视为客体，被动地参与政治，对他来说有些权利就是"存在着的无"。不知道维护自己的权利，不会用正确的途径来维护自己的合法权益，正当权利得不到实现，就会加剧甚至激化社会矛盾，社会不稳定因素增多，和谐就会被破坏掉。

最后，在处理国际关系中，交往理性促进了世界格局向和平发展的进程。和平与发展是当今世界的两大主题。在如何维护世界和平，促进世界共同发展方面，交往理性给了我们深刻的启示。比如交往主体间相互尊重、地位平等，通过对话沟通达成相互理解，求同存异、避免矛盾和冲突，避免使用武力，等等。虽然交往理性不能具体地、完美地解决所有问题，但世界的复杂性、多极性正是交往理性存在的必要原因。拒绝理性地思考各民族和各国家之间的关系，用"宁可握拳也不握手"的方式处理国际关系，就极有可能会给人类带来深重的灾难。世界性问题的解决，需要世界各国共同努力，协商和对话，这才是解决不同利益集团纷争最明智的办法，能高效地维护我们的共同家园。当代社会中，许多世界性问题都在交往理性的指导下得到了有效的控制和解决，如军备控制，逐渐削减、销毁核武器等大规模杀伤性武器，保护环境、节能减排等，都取得了成效。目前，我国在处理国际问题上，"根据当前治理需要创建一些新机构，倡导成立亚投行、创设丝路基金、金砖国家新开发银行、上海合作组织开发银行等，弥补现有制度的不足。通过主场外交等机会，创新原有制度的运行模式，使其更加开放、包容，更能适应当今时代需求。努力推动二十国集团从危机应对平台向长效治理机制转型，倡导合作、包容的发展新理念，把发展问题置于全球宏观政策框架核心位置，有效提升发展中国家的国际话语权及其发展关切。"（吴志成，2023）

（三）交往理性对文化发展的价值

文化属于历史的范畴，从狭义文化角度讲，每个社会都有与自己社会形态相适应的社会文化，并随着社会生产力的进步而向前发展和变迁。作为观念形态的社会文化，如哲学、宗教、艺术、政治思想和法律思想、伦理道德等，都是一定社会经济和政治的反映，同时又反作用于社会经济、政治的各方面。"一个人的思想风貌、精神境界、道德情操、认识水平、智慧程度、创新能力,一个民族的灵魂与脊梁,一个社会的秩序、公正和良知,一个国家的文明程度和进取精神,一个时代的变革力量、开拓勇气、知识积储和道德素养等,都是文化及其作用所形成的后果,都是文化用自己神秘而万能的雕刀所精心雕塑出来的精神形象、道德形象、智慧形象与文明形象,都是文化的造化与赐予。"(艾斐,2002)文化与经济、政治相融合,在世界竞争中的地位和作用越来越突出。

首先,交往理性导引当代社会文化的新形态。在信仰危机的时代,社会文化的新形态亟待形成。面对现代社会意义失落、道德滑坡、理性乏力以及享乐主义、拜金主义、利己主义的蔓延,我们会由衷地感到当今社会太需要先进的文化来引导人们的精神生活,太需要有新的理性来引导人们在物质的漩涡中找到回归精神家园的路。文化是一种力量,它深深地熔铸在民族的生命力、创造力和凝聚力之中。当一个时代的文化发展趋于平庸化,文化难以支撑起社会的崇高时,文化的精神本性就会自觉地对这个时代提出要求,文化新形态的形成就成了这个社会的迫切需要。交往理性本身作为一种文化,它不是这个时代才有的,而是历史的传承。交往理性无论是对社会病症的诊治,还是对个体失落的精神家园的追思,都是深刻的。正如"交往理性"的代言人哈贝马斯所认为的那样,尽管生活世界时时可能遭遇政治、经济的重重创伤,面临权力和金钱的冲击与腐蚀,但现代性的命运仍是应该得以解救并且是可以解救的,文化的再生产、社会的整合、个性的社会化越来越依赖人们之间的交往以及交往过程中所依循的理由。交往理性建立在生活世界的基础之上,所以,它不仅能够促进生活世界的再生产,而且能够进行社会的整合,促进多元、平等的对话,实现社会全方位变革。交往理性虽不能说是当代社会文化的新形态,但至少可以说它是文化新形态形成的导引,开辟了社会文化向前迈进的新视阈。在社会新文化形成的苦旅中,哪怕还只是"在林中",但我们已经启程。

其次,交往理性对文化结构及其要素的优化。文化发展进步的结果都集中体现在文化结构的变迁。任何一种文化都有极为丰富的内容,这些内容之间也会有不协调和矛盾，同时这些具体内容又处在不断变化更新之中，让人眼花缭乱，难以应付。明晰文化的内在结构才不至于被表面的无序所迷惑。文化结构是一个由多侧面、多层次、多因素构成的立体系统。从文化整体上看，文化大体有思维方式、价值观念和审美方式诸要素及其关系构成；从文化的外化和接受过程来看，文化可以分为观念文化、制度文化和物质文化；从文化的社会地位来看，文化可以分为主文化和亚文化；从文化的感性和理性关系来看，文化可以分为雅文化和俗文化，如此等等。其中，思维方式、价值观念和审美方式是文化构成的基础性要素，其他都是在此基础上分离出来的。

再次，交往理性能够实现社会文化在科学维度、道德维度和审美维度上的统一。文化构成的各要素能够在交往理性中得到优化和促进，关键在于交往理性的实践属性。实践使文化的承接、积淀和内化得以实现，是文化发展和变迁的动力。交往理性会在交往实践中实现对文化结构及各要素的批判和整合。我们应该看到，"物质至上"和"精神失落"是现代社会前进中的一股暗流。如果大众文化生活走向平庸、低俗、感性化，广大文化消费者就会思想懒惰，理解能力和分析批判能力钝化，艺术修养和欣赏水平下降；就会越来越沉迷于感官满足的平庸生活之中，即使是在文化交往中也懒得去追问生命的意义与价值。相反，他们愿意在五花八门的个性张扬中及时享乐，"今朝有酒今朝醉"和"过把瘾就死"，人性应有的深度和厚度就会被物质的力量冲击得所剩无几。所以说，文化的和谐发展不仅是思维方式、价值观念和审美方式诸要素及其关系的和谐发展，同时还包括雅文化与俗文化之间、主流文化与亚文化之间的不同类型的文化在社会中的和谐发展。

最后，交往理性加强了多元文化之间的交流融合。文化认同危机是社会文化和谐发展的障碍。文化正在"遭遇多元"，多元文化丰富了社会的精神领域和人的精神世界，但多元文化之间如果缺少沟通就会发生文化冲突，甚至导致社会整体价值的分裂，人们会精神迷茫、出现信仰危机。"我们相信，寄居于每一特殊文化传统中的人们以及每一特殊传统文化本身都具有向善求福、追寻文明的本性。但问题在于，并非每一种文化传统都适用于同一种善恶价值标准，它们和寄居于它们之中的人们对于善恶价值和文明幸福的生活目标有着不尽相同甚至对立的理解与观念。"（万俊人，2002）多元文化如果不能超越自我、达成共识就会导致文化的恶性发展。中医讲"通则不痛，不通则痛"，这里的通是指"经络"的畅通，经络畅通则不痛，经络不通就会生病，感到疼痛。文化如同社会的经络一样，是社会联络各系统、沟通内外、贯穿上下的通路。多元文化之间能够畅通，社会整体才会和谐，否则将是病态的。所以，疏通社会"经络"就需要在多元文化之间建立起最起码的文化认同和宽容。

交往理性是人与人之间交往的理性观念，它在交往实践中生成，又反作用于交往实践。无论交往的外在形式如何，交往本质上都是文化的碰撞，多元文化的接触也往往都是在交往中发生的。交往理性在实践的层面为多元文化的认同提供了接触和交流的机会，同时，交往实践中的文化碰撞会在交往理性中得到理解、宽容以及融合，实现多元文化认同。每一个民族、每一个地区在发展过程中都创造了自己独特的"生活世界"，有着不同的文化传统和心理特质，我们应该尊重不同的文化形式。随着生产力的发展和交往范围的扩大，不同文化间的交流和冲突已不可避免，只有积极开展不同文化间的交流和对话，这样，才能在多元文化的社会中建立一个相互理解和尊重的"生活世界"，也只有在这样的"生活世界"中，和谐社会、和谐世界的构建才真正具备了条件。

四、交往理性对思想政治教育的作用

在我国，思想政治教育一直担负着培育社会理想接班人的重任，在整个教育体系中占有重要的位置。同时，思想政治教育也是国家精神文明建设的重要阵地。广义的思想政治教育包括社会、学校和家庭三位一体的教育。狭义的思想政治教育特指学校的德行或价值观等方面的教育，其本质在于主体人格的培养和养成。从交往的视角看，思想政治教育本身就是主体间在政治思想、文化思想、道德思想、法律思想等方面的互动过程。
（赵淑辉，等，2009）

（一）思想政治教育交往理性的澄明

思想政治教育的交往理性构成了思想政治教育的价值取向和交往原则，决定了思想政治教育目标的确定、话语的表达、教育方式的选择等问题。为此，有必要对交往、交往理性与思想政治教育思想的关系展开深入分析。

当代交往理性包括思想政治教育交往理性，思想政治教育交往理性是当代交往理性的一个组成部分，规定并调节着思想政治教育交往主体间关系的理性观念，具体有如下几方面基本含义。

第一，思想政治教育交往理性包含着教育交往观。交往理性的承担者是教师与学生，是具有个人魅力和人格感召力的交往活动。在学校思想政治教育过程中，由于教师是主导性交往主体，因而，师生交往理性的导向取决于教师的学识素养和道德修养。当然，学生的思想观念也在一定程度上发挥作用。不仅如此，思想政治教育交往理性还包含了师生交往中升华了的情感因素。从上述意义讲，是教育交往视角下主体的思维功能，是思维者的主体对外部环境与交往关系的理性审定，是支配交往行为的内在依据，其核心是人应当如何看待自己和他人的问题。

第二，思想政治教育交往理性体现了主流价值意识。从文化属性看，思想政治教育交往理性既是优秀传统文化的继承，也是对当代社会和文化问题的反思，是关于交往关系的真实性与合理性的理解，其价值归宿在于构建人与人的和谐关系，实现人的全面自由发展。需要指出，思想政治教育交往理性并非根源于纯粹的理论反思，它是在交往实践中建构的，也是在日常交往和教育等非日常交往活动中通过自我反思不断重构的。在此意义上讲，思想政治教育交往理性是对教育生活和社会生活的概括，是交往中展露出来的主体的政治思想境界和道德素养。

思想政治教育本应该是一种交往性的教育，或者说是一种教育交往。

如果对其做概念式的阐述，那么，思想政治教育交往理性首先是教育交往主体的思维功能，是主体对外部存在的理智审定，是支配思想政治教育交往行为的主观依据；其次，它是思想政治教育交往主体应当遵循的特殊的秩序，其核心是如何看待思想政治教育中的自己和他人的关系问题；最后，从文化属性看，思想政治教育交往理性是国家意志的体现，是传统优秀文化的继承，是对当代社会和文化问题的反思，是教育对真、善、美的寻求。

（二）交往理性统摄思想政治教育的全过程

思想政治教育过程可以概括为"晓之以理，动之以情，导之以行，觉之以省"，在思想政治教育的"知、情、行、省"过程中，交往理性发挥了重要的作用。

交往理性在"晓之以理"的教育交往中，起到了对"知"的选择作用。"晓之以理"相当于思想政治教育的认知过程。这个过程的重要性在于，学生应知晓做人的道理，其目的是使受教育者树立正确的世界观、人生观和价值观。这是不同时代的人在进行物质交往和文化交往中形成的主流文化的价值观念和道德原则。事实上，思想政治教育以特定的方式实现了主流价值观和道德意识的文化传播。在此意义上讲，人们在思想政治教育的认知交往中形成并外化着思想政治教育内容的选择与接受意识，构成对思想道德的再认识和再创造的过程。"晓之以理"是教育者所承诺的交往理性和受教育者的交往理性对接的过程。在这个环节中，在受教育者原有的文化素养的基础上，受教育者的交往理性对思想政治教育的教育内容或是自觉认同，或是心里拒斥，由此决定了思想政治教育的实际效果。同时，教育者自身的交往理性和广博、深厚的学识是"晓之以理"成败的前提和基础。

交往理性在"动之以情"的教育交往中，起到了对教育内容进一步认同与强化的作用。无论思想政治教育的内容是什么，它都外在于受众，教育者如何通过外在的"灌输"，促使受教育者对思想道德内容有进一步的认同，这就体现出教育者交往理性在其中发挥的作用。交往离不开情感，"动之以情"就是用情感打动，或说用充满感情的交往方式感化人。在这个过程中，教育者所动之情不是个人的喜怒哀乐，而是与学生沟通和交流的种种人生体悟，用一种理性的方式与学生共同面对过去、今天和未来，分享教育者所承诺的交往理性；受教育者为之动情的是教育者以真情发端的教育交往和由此体现出来的教育者的交往理性与人生境界。人的心灵是相通的，即使没有华丽的辞藻，也会因情感的共鸣而得到认同和欣赏。思想政治教育者的真诚与真情交往，无论是赞扬还是批评，辩论还是规劝都将不同程度地感化学生，触动学生心灵，外在于我们的道德知识就会进一步内化。

交往理性在"导之以行"的教育交往过程中，起到了对观念与行为的调试作用。教育学生是为了让学生能将在学校学到的知识，应用到实践当中。"导之以行"是受教育者对已掌握的思想政治教育内容，行为外化的过程。通过前面所谈到的交往过程，学生逐渐在头脑中形成了自己对思想道德的观念性建构。受教育者头脑中做人做事的观念正确与否，直观的检验就是交往实践。通过交往体现出来的那些合理的交往理性及其外化行为，将在实践中得到肯定和鼓励，实现思想与行动的统一；而那些由错误的不合理的或极端的交往理性引导的行为，会因不被认可或被否定甚至遭到处罚而减少或避免类似行动的出现。在此过程中，交往理性通过引导交往行为，对受教育者已形成的一定的政治思想观念起到了由此到彼的调试作用。因此，将学生形成的思想和观念导入教育交往实践和生活实际中，也是交往理性行为养成的关键环节。

交往理性在"觉之以省"的教育交往过程中，对受教育者思想境界的提升起到了自我反思、反省的作用。"觉之以省"是思想政治教育在自我教育和自身修养中，对交往行为的反省，也是受教育者交往理性升华的过程。反省是思想政治教育交往链条中不可缺少的环节。思想政治教育通过认识交往和实践交往，最终目的是实现受教育者的主体性构建，达到交往理性的自觉。有意义的生活不能没有反思，同样，有成效的思想政治教育不能没有自我反省。自我反省是交往活动之后的内心延续过程，包括对交往活动得失的价值判断和自我评价，体现了主体对交往理性审视的自觉。有效的交往并不是指交往的结果成功与否，而是说交往活动停止后交往主体对该交往的反思，这既是本次交往活动的总结，又是下次交往活动的前奏和积累。在"觉之以省"的过程中，交往理性既是教育交往的"旁观者"，又是教育交往的"参与者"，交往理性的自我解构和重构，提升了受教育者的思想境界，体现了文化自觉的品质。

第三章　当代社会现实交往理性的审视

一、当代社会现实交往困惑的理性思考

交往是历史性问题更是现实生活中的一种基本需求。现代中国的交往已经与世界接轨，我国当下社会交往的现状与世界交往生活的现状有共同之处，但也有自己的特殊性。对现实交往的理性反思，无疑是解决问题和构筑理想的基础。

（一）当代社会交往困惑的大背景

1. 全面建设社会主义现代化国家的国内环境

我国当前社会的交往正处在全面建设社会主义现代化国家的开局起步的关键时期。党的二十大报告明确提出了"全面建设社会主义现代化国家分两步走"的战略安排。在此基础上，党在二十大报告中对我国全面建设社会主义现代化国家增加了多方面的目标任务："人民精神文化生活更加丰富，中华民族凝聚力和中华文化影响力不断增强；居民收入增长和经济增长基本同步，劳动报酬提高与劳动生产率提高基本同步，基本公共服务均等化水平明显提升，多层次社会保障体系更加健全；城乡人居环境明显改善，美丽中国建设成效显著。"习近平同志在二十大报告中谈到实现全面建设社会主义现代化国家时说："我国发展进入战略机遇和风险挑战并存、不确定难预料因素增多的时期，各种'黑天鹅'、'灰犀牛'事件随时可能发生。我们必须增强忧患意识，坚守底线思维，做到居安思危、未雨绸缪，准备经受风高浪急甚至惊涛骇浪的重大考验。"当前制定的有关

政治、经济、文化和各项社会事业的发展纲领和远景规划，会在中国共产党的领导和带动下，在全国人民的共同努力下，快速发展并成为现实。当代中国社会的发展及其美好愿景为人们的实际交往提供了更广阔的空间，但同时也会增添许多新的社会矛盾，交往的社会大环境会变得更为复杂。

当代中国经济社会发展中的矛盾问题，尤其是与人们生活息息相关的医疗、教育、住房、收入分配、社会管理等方面的问题越来越突出，亟待解决。衣、食、住、行等问题，是社会个体交往主体最为关注的问题，每个人的基本生活条件和生活环境直接影响了他们交往的质量和层次。近年来，在我国奔向社会主义现代化国家的道路上，老百姓的衣食住行问题更加突出。

案例一：2017年7月17日，金融工作会议召开后的首个工作日，人民日报在头版刊发评论员文章《有效防范金融风险》，文中提到：防范化解金融风险，需要增强忧患意识。既防"黑天鹅"，也防"灰犀牛"，对各类风险苗头既不能掉以轻心，也不能置若罔闻。2020年12月7日，中国人民银行党委书记、银保监会主席郭树清在《〈中共中央关于制定国民经济和社会发展第十四个五年规划和二〇三五年远景目标的建议〉辅导读本》发表文章《完善现代金融监管体系》，文中指出，房地产与金融业深度关联。目前，我国房地产相关贷款占银行业贷款的39%，还有大量债券、股本、信托等资金进入房地产行业。可以说，房地产是现阶段我国金融风险方面最大的"灰犀牛"（郭树清，2020）。

案例二：2017年初，高德地图联合交通运输部科学研究院、清华大学戴姆勒可持续交通联合研究中心等权威机构正式发布《2016年度中国主要城市交通分析报告》。报告显示，随着二三线城市汽车保有量的不断增长，以及修路、降雨等外在因素的叠加，导致我国道路拥堵问题日益严峻，并出现"一线城市饱和，二三线城市赶超"的现象，交通拥堵已经成为中小城市的痼疾。……河北省公安厅交管局的统计数据显示，截至2016年底，河北省机动车保有量为18 666 017辆。2014年以来，河北省机动车注册登记量以平均每年81万辆的增速逐年递增，2016年，更有近200

万辆的增长，全省已进入汽车高速增长期。（周宵鹏，2017）城市交通问题是现代城市的痼疾。随着我国城市化的发展带来了更大的交通流量需求，而交通发展跟不上城市化，越是大城市，越是繁华的地区，交通拥堵越严重。城市交通堵塞、不便，给人们的出行和交往都带来了影响。大城市中，人与人之间的交往首先考虑的是必须办的事，而且还要抓紧时间，办出效率；可办可不办、可见可不见的人和事，在交通"常梗阻"的情况下就放弃了，甚至是牺牲了好多朋友之间的聊天、小聚或闲谈的惬意和闲散。

社会流动加快是现代化进程加快的动力机制，但近年来的人口流动现象，农民工大量涌入城市，加快了城市建设的速度和农民致富的步伐，但出现了很多前所未有的社会问题。"留守儿童""空巢家庭""留守老人"，已经涉及中国相当大比例的农村和农业人口。特别是留守儿童的教育问题、留守老人的赡养问题，尤其是农村留守人群的精神慰藉问题，老人的晚景凄凉、儿童的前途未卜。这些都严重影响了农村和贫困地区人口的"交往资质"和人与人之间交往的整体和谐问题。可见，在贫富差距加剧的同时，社会交往层次和境界的差距也被拉大了。

2. 全球化的国际环境

"全球化"在今天是个耳熟能详的词语，是21世纪的显著特征。人们在日常生活中时刻感受到了市场的全球范围连接，以及超越国界的信息共享等，这都是全球化给我们带来的生活方式的改变。全球化"是地球在空间的位置的产物，是对生存的具体完整性和完善性的召唤，它不是把人类区分开来而只是使人类抱成一团"（马丁·阿尔布劳，2001）。"全球化可以理解为当代人类社会生活跨越国家和地区界限，在全球范围内的全方位的沟通、联系、相互影响的进程与趋势，人类的活动从彼此分割的地域中心逐渐向全球性过渡。（白春阳，2005）"面对扑面而来的全球化热浪，我们应该理性地分析和理解。交往是全球化形成的桥梁，同时交往也把自己放置在全球化之中。交往的全球化为人的全面发展提供了广阔的空间，但也导致了不可控因素和不可预测性的增加，无形中给人们带来了生活和心理上的不安。

首先，国际经济环境的不确定因素和不稳定因素日益增加，尤其是全球性的金融危机，简直就是在商海中鏖战的人们的噩梦。中国经济开放程度日益提高，对国际市场和资源的依赖程度日益加深，未来我国经济发展难免会受到世界经济周期性波动的影响。此外，霸权主义、恐怖主义对全球经济和区域经济的干扰加大。其次，中国经济连续多年保持着中高速增长，对世界政治格局也产生了一定的影响。一些霸权主义国家意识到中国经济的快速发展动摇了自己的霸主地位，因此在国际上给中国四处树敌。总体来说，现在中国所面临的国际环境越来越复杂。最后，国际文化环境的复杂，中西文化的碰撞，世界各国宗教文化以及打着宗教幌子的反动邪教对我国的渗透，潜移默化地影响着当代人的日常交往和非日常交往。而且，文化对人们思想观念的改变和塑造的力量是巨大的，某种价值观念和思维方式一旦形成，可能会影响甚至决定了人的一生。世界文化的共享对人类社会的发展进步有着重要的贡献，但仍然有一些不利于当前中国社会和平发展、不利于人们正常生活和交往的反动文化的存在，比如邪教。邪教是一种国际现象，不论发达国家还是发展中国家，都有各种名目的邪教组织及其活动。纵观各类邪教，他们无不歪曲、曲解正统宗教教义，利用一部分人的愚昧无知，从满足人们的某种欲望和需求入手，对信徒采取拉拢、欺骗、恐吓等手段，逐步达到对信徒的思想控制，实现其不可告人的目的。按我国最高人民法院、最高人民检察院的司法解释，邪教组织是冒用宗教、气功或者其他名义建立，神化首要分子，利用制造、散布迷信邪说等手段蛊惑、蒙骗他人，发展、控制成员，危害社会的非法组织。在我国宪法中明确规定，中华人民共和国公民有信仰宗教的自由。但我们也绝不姑息邪教，政府对各种邪教势力的打击是严厉的。然而，复杂的国际文化环境对我国社会交往产生的国际化影响，对分析当前人们交往的状况和交往理性的状态，仍是不容忽视的。

总之，国际环境越来越受当代中国人的关注，人们包括如何规划自己的人生，都与国际环境相关联，这是全球化时代赋予人们的忧患意识、发展意识、爱国意识和国际意识，这些意识都会影响到人们的现实交往行为，它们也是当代人交往理性的有机组成部分。所以，国际政治、经济和文化环境会影响到人们的交往方式和交往意识。

3.信息化、网络化的科技环境

当前，我们的生活已经进入了以计算机、信息和通信技术为支撑的信息网络时代。"e"时代的到来使我们的思维方式、行为方式都发生了深刻的变化，人们的交往方式也因此发生了前所未有的变化。传统交往方式是以人与人之间面对面交往为主，也伴有一定程度（尚未达到普遍的程度）的书面和电话等形式。如今的手机、电脑等信息传输工具已成为交往的主要工具和媒介，互联网的出现确实方便了交往，提高了效率。"有事留言""发位置""发视频"等已成为时下交往的口头语。尤其是全球范围内盛行的国际互联网，使以往借助于电话等进行的点对点的交流变成了点对面的交流，形成了网络交往。网络交往是社会历史发展到21世纪，物质交往与精神交往相结合的最突出的产物。网络、信息技术的高速发展，给人们的交往提供了无比广阔和自由的空间，实现了不受时空界限阻隔的现代交往。人们凭借先进的技术设备和娴熟的操作，完成了一次又一次前人无法想象更无法实现的高效、快捷的超越时空的交往，真正实现了"秀才不出门，便知天下闻"和"运筹于帷幄之中，决胜于千里之外"的古人的理想。"只有你想不到的，没有做不到的"，高科技的社会"一切皆有可能"。现在流行的网上购物、网晒（把私人的东西拿到网上作为谈资）、网上拼游或互助游等等，如果你不了解就"out"了。因此，计算机、网络成了现代家庭、现代化办公必备的消费品。

互联网是人类智慧的结晶，是当代先进生产力的重要标志。互联网深刻影响着世界经济、政治、文化和社会的发展和交往，尤其是促进了信息传播的变革。计算机网络对目前人们的生活和交往的影响有多广泛？让我们来看一看中国互联网络信息中心（China Internet Network Information Centre，简称CNNIC）在2022年8月31日在京发布第50次《中国互联网络发展状况统计报告》。报告显示，截至2022年6月，我国网民规模为10.51

亿，较2021年12月新增网民1919万，互联网普及率达74.4%。网民人均每周上网时长为29.5个小时，使用手机上网的比例达99.6%。

报告指出，截至2022年6月，我国短视频的用户规模增长最为明显，达9.62亿，较2021年12月增长2805万，占网民整体的91.5%。即时通信用户规模达10.27亿，较2021年12月增长2042万，占网民整体的97.7%。网络新闻用户规模达7.88亿，较2021年12月增长1698万，占网民整体的75.0%。网络直播用户规模达7.16亿，较2021年12月增长1290万，占网民整体的68.1%。在线医疗用户规模达3.00亿，较2021年12月增长196万，占网民整体的28.5%。（中国互联网络信息中心，2022）

在当今信息时代，互联网已经成为人们生活中不可或缺的一部分。为我们带来了诸多便利，如在线购物、在线教育等，也为我们的工作和学习提供了更加高效的方式。通过互联网，我们可以在家中或任何地方进行远程办公和学习。这不仅节省了时间和成本，还让我们可以更加灵活地安排自己的工作和学习时间。同时，互联网也为我们提供了各种在线学习资源，让我们能更加便捷地获取知识。

此外，通过互联网，我们可以观看各种视频、听音乐、玩游戏等，让我们的娱乐生活更加丰富多彩。同时，互联网也为我们提供了各种社交娱乐平台，如直播、短视频等，让我们可以更加轻松地与他人分享自己的生活和兴趣爱好。

互联网的发展也催生了一些新兴产业，为社会提供创造了更多的就业机会和经济效益。同时，互联网也为创业者提供了更加广阔的平台和机会，让他们更容易地实现自己的梦想。然而，互联网也带来了一些负面影响。其中最为突出的是信息泛滥和信息不实。由于互联网上存在大量的信息，有些信息的真实性难以判断，甚至存在着虚假信息和谣言。这给人们的生活和工作带来了不小的困扰。

可见，互联网络对我国当代社会影响深远，对人们日常生活和交往影响深远，信息网络时代的交往已经实现了对传统的超越。

上述是我国当代人与人之间交往困境的大背景，与主观性"交往资质"相比较，当前社会的大环境和发展态势是我们短时间内无法改变的外部因素。当代理想交往理性"蓝图"的绘制，只有不脱离社会和历史发展的实际阶段，才能是客观的、符合实际的，才能在社会交往理性的培育中发挥积极的、可操作的、阶段性的导向作用。

（二）个体生活交往困惑的表现

在社会交往困境大背景的影响下，对生活中的个体而言，我们在实际交往中所遇到的问题多种多样：一厢情愿的交往、口是心非的交往、各怀鬼胎的交往、我行我素的交往、逃避甚至恐惧交往、另类的交往（比如与宠物的过分亲密）；就连人类之初为种族延续、繁衍后代所进行的两性交往，有时在某些领域也发生了变迁或变异，比如职场的隐婚现象、婚内单身现象、闪婚闪离现象、丁克家庭等，举不胜举。个体现实交往困惑的种种表现，可以归纳为以下几方面。

1. 代内、代际交往中的障碍

同一时期出生的人之间的代内交往，应该是属于比较容易沟通和达成共识的类型。同一时期出生的人，身处相同的时代，他们之间有相同的社会、时代背景，接受着相同的教育，形成了同一时代具有的相对起主导作用的价值观念和道德信念。所以，在代内的交往中，由于相互之间的道德、价值观念相同，代内之间的亲和力更大，有共同语言，相互之间也比较宽容。同时也应看到，由于现代社会的升学、就业、工作、子女的教育和养老等家庭和社会问题的压力的增大，同代人之间的交往也越来越表面化、日常生活化，真正的情感沟通和精神交流很少。尤其是青少年一代，越来越多的是"自言自语"。当代社会的青少年一代，绝大多数都是独生子女，其实他们更渴望被人理解、获得精神慰藉。然而，他们并不善于交往，交往中既不会很好地表现自己，也不会很好地倾听别人。同代人之间要敞开心扉地交往也很困难。

代与代之间交往的障碍主要是代沟。我们这里所说的代际，主要是指家庭内部的代与代之间，即个人在家庭中所处的"代际"位置。不同代人的道德价值观念是代际交往难以跨越的鸿沟。上下代之间的交往往是长辈对晚辈的教导，苛责多于宽容，批评多于赞誉。然而，在晚辈看来，长辈们的观点已经落伍，跟不上时代的发展，多是不太认同，难以接受。儿子看不起父亲、父亲看不惯儿子的现象司空见惯。代与代之间常互相抱怨、无法沟通，有的甚至形同水火。实际生活中，为了安定团结和孝道，一些晚辈选择不再挑战家长权威和话语霸权，而是用沉默或独处来反抗和疏离长辈，息事宁人。

现代化生活使人的思维方式、行为方式等都发生了变化。现代人推崇科学和理性，以实际效益作为评价事物和行为的标准，珍惜时间和价值，这与传统生活方式所推崇的注重礼节，受严格约束的行为方式大不一样。加之现代生活的多元化、信息时代的快节奏等都与传统农业社会的"日出而作、日落而息"的缓慢生活节奏和生活方式不同。对于这种高效、便捷的新生活，年轻一代无疑更愿意也更有能力去接受，而老年人受思想观念、知识结构、接受能力等因素影响，难免对现代化的知识、技能和生活方式采取观望、回避的态度。因此造成代际的差距和矛盾。

在当代社会，在我们的实际生活当中，代际交往在子女婚姻、居住方式、经济支付、隔代教育、赡养等方面的差异、矛盾、冲突日益凸显。代际交往不和谐已明显影响到家庭的和睦和社会的安定。

2. 邻里交往中的问题

由于居民住宅和地域的临近性，以及居住成员的"面对面"接触产生了邻里交往。邻里是结合了友好往来和亲戚朋友关系而逐步形成的守望相助、共同生活的群体。尤其是在城市，邻里与邻里共同构成了城市社区。邻里交往有其独特性，它是居民在相互尊重各自居住私密性的前提下进行的相互接触、帮助和支持。邻里交往既要考虑到公共性，又要考虑到私密性，和谐的邻里交往维持着这两方面的平衡。邻里之间的交往在一定边界内有共同利益，也会产生一定的归属感和认同感。邻里交往实质上是一种拟亲缘关系的交往，邻里可以看作是家庭成员的扩展。所以，邻里交往是除血缘交往外，最有亲近感和归属感的交往。

人一生的大半时间是在社区中度过的。社区不仅仅具有居住的功能，也是影响儿童性格养成的重要社会环境，更是老年人安度晚年的主要场所。温馨和谐的邻里交往，有利于提高自身的生活品质。然而，现代社会的邻里之间很难找到"远亲不如近邻"的亲密感。现代社会生活节奏在加快，邻居之间的交往机会越来越少，平时的交往也只限于出门上班或下班回家相遇时的点头之交，有些邻居甚至连这种仅有的碰面机会也一再错开。平日里即使有个急事需要找人帮助，宁可找钟点工或拨打110也不愿意敲邻居的门。门就像遮羞布，遮挡住了各自家庭的喜、怒、哀、乐。人们不愿意与他人分享自己的心情，不愿让自家的事成为别人的谈资，也不愿意替别人分担忧愁。所以，门成了现代人居住心理安全的屏障。从防盗门的"猫眼"里看邻居、对门住了几年也不知道彼此姓甚名谁，这对于城市的居民来说是很平常的事。邻里之间的心理距离越来越远。

3. 同事、同行交往中的问题

由于共同的实践和职业，人与人之间产生了业缘交往。同事、同行是社会分工的产物。有研究证明，良好的人际关系能够尽快消除工作中的疲劳感，有益于身心健康，有益于工作效率的提高。其实，人人都渴望有个舒心、友好的人际工作环境。著名作家奥斯特洛夫斯基曾说过：人的生活离不开友谊，但要获得真正的友谊并不容易，它需要用忠诚去播种，用热情去浇灌，用原则去培养。目前，我国大多数城市职工的工作时间为七到八小时，同事之间相互联系的机会和交往的次数比较多，但这并不意味着交往的前景会更好。同事、同行之间的交往受利益分配、角色地位、职业变动等因素的牵制，如上下级关系、经济收入、奖惩机制、人事晋升等。而且，由于工作的需要，再不喜欢做的事、再反感的人都得面对。所以，同事、同行之间的交往有时会很虚伪。而且同事之间最容易形成利益关系，如果不能正确对待一些小事的话，就容易形成沟壑，很难达到推心置腹的程度。

4. 夫妻交往中的问题

夫妻交往是一门很复杂的学问，每个人由于性格不同、生活经历不同、各自成长的环境不同、受教育的学历层次不同、社会背景不同、人生观不同、价值观不同、爱情观不同，对婚姻的理解和认识也不尽相同，婚后的生活自然需要一个长期的磨合和适应的过程。夫妻关系是超血缘的最亲密的两性关系。夫妻之间不但有繁衍后代、为社会培养接班人的责任，还有赡养双方老人的义务。夫妻之间的交往包括了两性交往、物质交往和精神交往。美满幸福的婚姻，是步入婚礼殿堂的善男信女们相互给予对方夫妻生活的承诺。美满的婚姻需要夫妻之间和谐相处。围城内的人们都知道，夫妻关系需要"经营"，理解、宽容、信任、尊重是婚姻中必不可少的，但实际确实很难做到。感情和经济是影响现代夫妻交往、决定夫妻关系的重要因素。很多夫妻经常抱怨：我们越来越没有共同语言了，一说话就拌嘴。这说明夫妻之间的交往出现了障碍，影响了夫妻之间的感情沟通。夫妻交往常常有个误区：认为夫妻天天生活在一起，家中大事小事彼此都知道，不需要再刻意沟通什么，往往不注重彼此倾听和倾诉。另外，在夫妻共同生活的话语系统里，经常出现家长对孩子般的规训式言语。一方对另一方有强烈的领导和支配的欲望，夫妻之间平等主体意识不强。当家庭出现矛盾的时候，双方缺少理解和包容。夫妻双方会为各人不同的口味、不同的作息习惯和生活方式争吵，更为双方不同的个性和思想而争执理论不休。肆无忌惮、歇斯底里地发泄对婚姻的不满情绪、喋喋不休、唇枪舌剑、声色俱厉地指责、抱怨和声讨罪状。相互批评、相互指责和抱怨成了家庭中常见的谈话方式，这样的夫妻交往无益于解决实际问题。我们经常能听到，夫妻之间相互挑衅的话语，相互讥讽的语调，其实这样的情景也常常出现在自己的生活中。夫妻之间真正的危机是彼此麻木和冷漠。如果长期下去，夫妻交往必然变得索然无味。

5. 网络交往的困境

网络交往是时代的产物，它有着与传统交往截然不同的特质。近几年来，网络交往引发的社会问题日益凸显，非常值得我们关注和反思。网络交往给人们生活带来的好处，无须赘言，让人忧心忡忡的是我们随时又要承担这个现代性的"后果"，这个"后果"对有的人来说简直就是深重的灾难。

网络交往的负面效应对置身其中的人们来讲是不言而喻的。网络交往区别于传统交往的最大特点就是虚拟性。传统交往无论是"面对面"还是"声对声"都是真实主体之间的交流；网络交往中的主体首先面对的是电子机器，其次才是机器背后的操纵者。机器背后的双方操纵者往往是素昧平生，可以毫无顾忌地倾诉和宣泄。不必纠结传统交往中的繁文缛节，不必考虑自身的社会角色和地位，不用考虑我是谁，对方是谁，一下子从现实世界走进了虚拟空间。正是由于网络交往的虚拟性，给那些道德败坏、自身修养不足和自律性差的人提供了机会和场所，人性弱点暴露无遗，并导致一系列社会问题的滋生和蔓延。人们开始思考，网络交往的秩序性和安全性问题。

网络交往给人们带来的困惑和危机远不止如此。"人是一切社会关系的总和。"人只有在社会中、在群体中才能完成向社会人的转变，也就是人的社会化过程。尤其是对青少年来讲，他们正处在个性的形成与社会角色培养的关键时期，沉迷于网络不仅影响了他们的学习和正常生活，而且严重影响了身心健康。网络交往只是人机对话，所以长期的网络交往会使一些人慢慢不适应与人面对面，甚至觉得"他人目光很恐怖"，自闭倾向明显，于是开始逃避现实，越来越不能适应社会。根据《中国青少年健康教育核心信息及释义（2018版）》，网络成瘾是指在无成瘾物质作用下对互联网使用冲动的失控行为，表现为过度使用互联网后导致明显的学业、职业和社会功能损伤。其中，持续时间是诊断网络成瘾障碍的重要标准，一般情况下，相关行为需至少持续12个月才能确诊。（中央网络安全和信息化委员会办公室，等，2018）可见网络成瘾的危害已引起了国家的高度重视。

从更深远的意义考虑，网络交往将会给中华民族先进文化和文明成果的传承带来挑战。我国素有礼仪之邦的美称，传统的交往礼仪是有着独特魅力的文明成果。但在网络交往的冲击下，它将被遗忘甚至丢弃。同时，作为人类文明标志的语言也将面临危机。在《现代汉语规范词典》中，语言有两种解释："其一是以语音为物质外壳，由词汇和语法两部分构成的符号系统，是人类最重要的交际工具；其二是指某些特定领域内用来表示和交流信息及数据的非语音的符号系统。"（李行健，等，2014）在网络交往中，传承人类文明的语言将丧失语音功能，它只是作为信息传递的非语音的符号系统无声地存在着。可以想象当语言没有了昔日的声情并茂，人们能听到的就只能是手指敲击键盘的声音。

（三）交往异化的时代特征

现实社会生活中交往困境的种种表现说明，我国现实社会生活中的社会交往已经开始异化。交往活动作为一种实践活动，是目的、手段、结果以及秩序的统一。因此，社会交往的全面异化必然体现在交往的全过程。交往异化的时代特征有如下五个方面。

1. 交往目的的功利化

交往是主体性活动，所以，目的是交往活动的重要特征。交往目的是主体发起交往活动的基本出发点和动力，一般存在于交往开始之前，是主体在头脑中对交往活动结果的预期，它支配着整个交往活动。当代交往异化的特征，明显表现为交往目的的功利化——人与人之间的交往只是为了相互转换功能，达到各自的目的。在功利化的交往中，交往双方都把对方当作满足自己的某种需要的手段或工具，忽视对方的情感、品质、尊严等。看起来关系密切的亲朋好友不是在相互关爱，而是在相互利用，交往从根本上被扭曲了。可谓"天下熙熙皆为利来，天下攘攘皆为利往"。

2. 交往媒介的货币化

"交往的媒介是交往活动的中介手段，主要包括语言符号、实物资料、交往工具及其操作的方式方法。"（姚纪刚，2002）随着商品经济的发展，人们对物的依赖性越来越强，人与人之间的交往逐渐变成了物质交换，货币在此充当了一般等价物，交往媒介的其他形式遭到排挤。在交往中，人们更关注的是外在的价格，甚至把它等同于交往的价值。金钱不仅是建立交往关系的有效手段，而且还是维护交往关系的手段。因此，现代交往越来越趋向于见物不见人。

3. 交往规范的人情化

自古以来，在中国人的交往中一向充满了浓郁的乡土气息，人情味儿十足。这种乡土情谊已经形成了浓重的人情观念融入中国人的日常交往中。"人情"是人们基于血缘、地缘或业缘等某种自然联系和情感交流的需要而产生的。时至今日，人情仍无时无刻不在以自发的方式调整、规范着中国人的交往活动。"人情"不单是交往的桥梁和纽带，而且已经成为人们潜意识里的交往规范，调控着交往活动的各个方面。交往规范的异化就在于，人情在某些时候比道德、法律、法规等来得更直接、更有效。在"人情"的支配下，似乎一切都井然有序，并且顺乎自然。"人情"的存在有它的合理性，"然而，问题的关键却在于，在人情浓厚的现代日常生活世界中，正常的人情交往却大有泛化乃至异化的趋势。各种复杂的人情交往关系逐渐从人的日常交往关系中分化出来，进而成为一种束缚人、制约人、统治人的异己力量"（杨威，等，2002）。"人情"的某些不合理的方面也在向社会经济、政治、文化交往领域广泛渗透，当"人情"掺杂功利目的并与金钱挂钩时，交往会被异化得更加彻底，比如暗箱操作、以权谋私、情感扭曲，等等。总之，在我国当代社会，"人情"对日常交往和非日常交往正常秩序的干预力量不可小视。

4. 交往结果的表浅化

"交往结果作为交往过程的结晶，是交往的各种因素由运动状态融合在一种静止的存在状态中，是目的形成的主观和客观对立的消除。……交往的特殊性在于，不管交往双方的目的实现与否，交往是否完成，它总有某种结果，总要发生某种影响，总要形成某种关系，衍化某种传统，或改变某种状态，或者传递并实现某种情感等等。"（吕梁山，1997）快节奏的现代生活，虽然加快了交往的节奏，但并没有随着交往次数或频率的增加而触及交往的本质。人与人之间的交往仅停留在礼节上或应酬上，交往的动力仅来自对利益的追求。总之，交往目的的功利化、交往媒介的货币化、交往秩序的人情化，必然导致交往结果的表浅化。人们都在用言不由衷的语言、机械的动作、敷衍的笑容与他人交往，怎么能有通达心灵的交往境界呢。异化的交往只会加剧人们精神的空虚和意义的失落，"心无所寄，情无所托"。

5. 交往主体的心理失调

交往本是一件让人放松、令人身心愉悦的事情。然而，当代社会功利化、货币化、人情化的交往，让人们在心理上缺少安全感，彼此缺乏信任，心理失调。为避免心理超载，人们常常自觉、尽量地避免社会卷入，远离是非。比如相互戒备的邻里交往，或遇见需要帮助的老弱病残孕幼，却敬而远之的现象。其实，并非不愿而是不敢伸出援助之手，心存疑虑，怀疑是故意为之或怕沾边就赖；相反，对方也很警惕你的帮助。

交往中的这种心理上的巨大压力，严重影响了现代人的健康。现代人的有些疾病不再主要是器质性的，而更多的是功能性的。世界卫生组织（World Health Organization，简称WHO）报告指出，心理问题在全球导致12%的疾病，而46%的疾病都与抑郁症直接相关。WHO相关专家警告，长此以往，到2030年，抑郁症患者人数或将超过所有心血管疾病患者的总和，那个时候，抑郁症将成为全世界第一大致残诱因。（医护多，2019）

对于人类而言，过去是因为资源、技术的绝对匮乏而对长期停滞的可预见的生活感到不幸和痛苦；现代的不幸和痛苦则是由于物质和技术的高度发达给人们带来无法预测的风险而使人惶恐不安。从近十年的社会问题看，环境污染、食品污染、犯罪活动以及不可抗力等因素所引发的天灾人祸越来越多，人们感到凭借以往经验很难规避那些灾害。所以，我们可以理解现代人为了增加一分心理安慰和心理安全感的"保险情结"。可见，物质富足的日子并不等于幸福生活。

二、现代交往理性的缺失

现代社会交往困境的深层原因是交往理性的缺失，交往理性的缺失是指交往理性在文化构成和具体内容上的缺失以及由此所呈现的状态。交往理性是对"什么是交往"以及"如何交往"的深层解读。所以，交往理性的缺失必然导致社会交往的困境。因此，只有通过对交往理性的剖析才能找出个体和社会交往困境的病灶，才能为有效解决现实问题和构筑理想提供合理性根据。

（一）交往价值取向的误区

"价值现象是人类生活的普遍现象，价值问题是人类与生俱来的一个基本问题。"（李德顺，1998）价值在交往理性中如何体现，将影响一个社会人文环境的发展趋势，将决定一个人的行为选择和生活追求。对交往理性价值要素的理解，是我们讨论问题的基点。

价值被不同主体在不同场景中体现，所蕴含的思想往往有所不同。比如商人所说的"价值"和艺术家所说的"价值"；普通人所说的"价值"和哲学家所说的"价值"是不一样的。这种不同不是价值本身的不同，而是价值参照系的不同。"例如，对于一幅油画来说，当把审美作为它的参照系时我们说它的价值大小是指审美价值；当把商品交换作为参照系时，我们说它的价值大小就是指它的商品交换价值的量值；当把收藏的文物作为参照系时，我们说它的价值大小就是指它所具有的收藏价值了。显然，同一个物品，相对于不同参照系，它的价值就是不同的，我们把这种确定价值大小的相对基准称为价值参照系。"（石明，2005）价值作为交往理性文化构成的核心要素，它包括三个层面的含义：一是理性对实然交往价值的思考；二是理性的自由之翼对理想交往的价值探求；三是理性在交往中对"人"的价值解析和建构。我国当代社会交往理性在价值维度上存在以下的误区。

1. 在价值内容上的偏失

价值本身有两个维度，一是某人、某物对主体需要的满足，是对象性价值；另外一个维度是我的"存在"价值，指向自我内在的意义世界。价值是交往的核心，人们很关注交往的"价值"，问题在于人们所关注的"价值"只是对象性价值。这样的价值观放置在交往理性体系中，必然导致交往理性价值取向对我的"存在"价值的忽视和遗忘，导致"意义的失落"。具体来说，人们所关注的对象性价值，实质上就是交往活动中事物的本身满足价值（相当于使用价值）和事物的中介满足价值的总称。中介的满足价值是指"在我们所需要的对象中有些事物其本身并不能满足我们的享用需求，也就是说其本身的满足价值并不大或者并不具有满足价值。但是在一定的社会环境中这些事物却可以通过交换来换取那些具有很大满足价值的事物"（石明，2005）。"我们把这些可以用来交换到其他具有满足需求的事物称为中介事物，把它所能换取的满足价值视为中介事物的满足价值。"（石明，2005）满足个体需要的中介事物不仅限于商品、货币，某些社会关系也可以成为中介事务。

综上所述，现代中国交往的异化是经济、政治、文化领域交往的异化。可见，缺少对我的"存在"价值的关注，交往理性对交往价值的考虑就变成了仅仅是对交往实现事物的满足价值和中介满足价值的思考，交往也就变成了满足人们物质需要的手段和工具。

2. 价值结构上的偏失

交往理性在价值结构上本应是对交往的物态价值的思考，也是对理想交往价值的探求和对"人"的价值的追求。但由于交往理性在价值内容上的缺失，导致交往理性的研究中，研究者在思考交往的价值时有意或无意地回避了对理想交往和"人"的意义的寻求。人有双重属性，人来自物却不归结为物。"人不会满足于生命支配的本能生活，总要利用这些自然的生命去创造生活的价值和意义。人之为'人'的本质，应该说就是一种意义性存在、价值性实体。人的生存和生活如果失去意义的引导，成为'无意义的存在'，那就与动物的生存没有两样，这是人们不堪忍受的。"（秦光涛，1998）人不仅在物质世界中"生存"，而且在意义世界中"生活"。"物质世界的恶化会导致人生命的死亡；意义世界的恶化会导致人人性的泯灭和心灵的沦丧。哀莫大于心死。意义世界的崩溃、生活意义的丧失对人的打击是物质的东西所无法弥补的。"（秦光涛，1998）失去追寻"意义"向度的交往理性是灰暗的，甚至是死寂的。当然，我国当代社会面临的交往困境并不意味着"精神末日"。我们相信,这种失落的"意义"将在交往理性重构中找到坐标,交往理性也会在"意义"的上升中找到归宿。

3. 价值参照系的混乱

我国当代社会交往理性价值维度的偏失,除了内容上的偏失和结构上的偏失,还有参照系的混乱。参照系是衡量价值的相对基准。就如同我们说高矮胖瘦一样,都是有参照物的,否则无从说起。我们常说商业价值、科研价值、审美价值等,这些价值前的定语就是对参照系的表述。价值参照系不像重量参照系(地球)那样固定不变,它经常是变化的。对每个人来说,站在不同的角度和立场去思考同一个问题时,因参照系的不同往往就会得出不尽相同甚至是大相径庭的结论。比如在如何看待交往的问题上,站在中国还是站在西方的视角,站在传统还是站在当代的视角,站在理论还是站在实践的视角来看都是不同的。对于交往理性来讲,价值取向参照系的混乱,正说明了我国当代社会价值多元化状态已经开始形成。这种多元还没有达到文化的自觉,只是停留在数量上的多,并没有实现合理的整合。对社会来讲,多种价值观念是对传统的挑战,是对社会精神支柱的挑战;对个体来讲,多种价值观念并没有形成合力,反而引发人们内心的矛盾冲突,导致现实交往困境重重。所以说,价值在事实上的多元并不都是我们所追求的。现实交往中,价值参照系的混乱,无疑造成了交往价值选择的困惑。面对眼花缭乱的价值"万花筒",人们似乎感到没有任何理由足以支持其选择这一种而放弃另一种,在多种可能性的条件下无所适从,在需要做出选择的时候感到孤立无援。现实交往中,在价值选择面前的手足无措,是现代社会特别是全球化时代人们的交往理性所特有的历史境遇。

(二)交往主体性的不完善

主客体关系是交往理性文化构成的要素之一。所以,反思交往理性绕不开对交往主客体关系的省察。反思主客体关系,实际上就是反思人的主体性。人是一切理论和实践的创造者与承载者，但人并非等于主体、不必然具有主体性（人≠主体≠主体性）。如何理解交往的主体性呢？

从人、主体、主体性之间的关系看，人是实践的存在，或者说实践是人的生存方式。人的实践活动包括人与自然世界之间的生产实践和人与人之间的交往实践两种。前者人相对于自然世界，是实践活动的主体，二者之间的关系图式为"主体—客体"；后者人相对于人，是这个主体与那个主体的关系或者说是主体共在的关系。总之，人能成为主体是因为人参与了实践，离开了实践活动，主体、客体都无从谈起，主体性也就无法实现。那么，如何理解主体性呢？在哲学上，主体性基本在以下三个层面上使用：一是在本原、始基、基础和根据的性质上使用，与之相对应的是派生性、第二性和从属性，突出的是它与其他事物的主从关系、根源派生关系；二是在主客体的相互关系中使用，主体性是人在其自由自觉的能动活动中的主体规定性的表现和确证；三是在"主体交互关系之间表现出来的主体性，亦称'主体间性'或'交互主体性'。"（韩庆祥，等，2001）我们这里的交往主体性突出了主体性在第三个方面的表现。交往主体性是人的主体性发展的交往取向。交往主体性是主体在交往实践中所表现出来的主体互动的趋向，实质是交互主体性的生成。

我国现代社会交往理性缺失的一个重要方面是人的交往主体性的不完善。主体性对人成为主体的意义是不言而喻的。"主体性不仅把人与动物区分开，而且能显示主体在主客体关系中的主导地位和支配作用，因而主体性应是主体的最根本、最深刻的性质，是主体的本质属性。"（陈金美，1997）对于个体来讲，交往主体性在现实层面上必须践行交往理性的主体诉求。"人的存在状态首先是需要的状态，对需要的正确认识表现为人的理性的基本诉求。"（沈湘平，2003）各种各样的主体诉求可以概括为对个性和自由的需要。从我国交往主体性的现实表现，可以看出交往理性的缺失。

1. "个性需要"的遮蔽

从人的社会性存在的角度说，个性需要是最基本的主体诉求。"个性既指个人不能被社会取代的独立自主性或主体性，也指不能被他人取代的唯一性、独特性和自我性。"（韩庆祥，等，2001）在人的社会或社会的人中，个性是区分"此人"和"彼人"的标准，如果失去了个性就失去了作为个体存在的独立性，人也就"非人"了。所以，个性是单个人的本质，是主体生动性的表现，人的主体性与个性是分不开的。在此，个性可以从以下三个方面规定："作为自由自觉活动的个别存在和表现方式的个性；作为社会关系的个别存在和表现方式的个性；作为个人在外部世界（他人和社会）中的个别存在方式的个性。"（韩庆祥，等，2001）因此，对"个性需要"的讨论是交往理性在思考主客体关系时应有的议题。

这里所说的"个性需要的遮蔽"是指"个性需要"在人和社会的交往理性中没有被认同的状态。真正的个性需要是社会需要和个体需要的有机结合。忽视社会需要的个性需要是人的自然属性的极端；无视自己的个性需要，盲从于他人和社会的个体将会被社会吞没，丧失其个体主体地位。前者可能发展为极端利己主义者，后者就是海德格尔所说的"沉沦"在"常人"中的"此在"。大学生是时代的骄子，是社会发展在人才需要方面的中坚力量。然而，部分大学生的生活中明显缺少真正的个性，存在着从众的交往倾向。比如消费从众，进入高等学府，可谓大开眼界，吃得高档、穿戴时髦、玩得够派等从众、攀比现象严重，无视自己的经济基础。再比如恋爱从众，众目睽睽之下，型男靓女同读一本书，同吃一碗饭，在时下的大学校园里已是公开风景。从众的交往主体在众人中忽视和遗忘了自己的真实需要。

在交往中，无论哪种个性需要的缺失，都是"个性需要"在交往理性中的遮蔽。当然，"个性需要"在交往理性中的遮蔽状态，是人的历史性发展的必经阶段。

按照马克思关于人的发展的三个阶段的理论，人的个性发展正处在"以物的依赖性为基础的人的独立个性"阶段。同时，在个性方面，人仍不能彻底摆脱"对人的依赖"。所以，在交往中往往表现为：个性高于一切的利己主义、物化个性的拜金主义、缺少个性的效仿主义、没有个性的从众主义。个性不同，交往生活的样态也各有千秋："有顺世主义的同流合污，有游世主义的玩世不恭，有愤世主义的恣意妄为，有超世主义的孤傲独行，有出世主义的自我解脱，有入世主义的奋力抗争"（孙正聿，等，1996）。不同个性的"在世"似乎都旨在实现某种自以为的自由。那么，究竟什么是自由？个体的真正的自由是在共主体中实现的。个体主体在交往中扩展成为共主体，实现交互主体性，才实现了真正的自由。

2. 交互主体性的缺失

"交互主体性"概念是哈贝马斯交往理性的核心概念。他认为，人的主体性必须在交往中生成，而且必然走向交互主体性。交互主体性是交往主体性的必然趋向和归宿，是交往理性在主体意义上的最终实现。

关于"交互主体性"（或称"主体间性""主体际性"）的规定性，学界有不同的理解，主要有以下几种观点：其一，"主体间性作为主体间关系的规定，是指主体之间即主体与特殊客体（主体）之间的通融性，也就是说，主体间性是一种特殊的主体性，这是主体性与主体间性的相关性。但主体性与主体间性又有区别，主体性是主体与一般客体（包括作为主体的人）发生关系时所表现出来的特征；而主体间性则只是主体与特殊客体（即作为互主体的人）在交往活动中所体现出来的特征。（陈金美，1997）"其二，"主体在交互关系之间表现出来的主体性，已成'主体间性'或'交互主体性'，"（韩庆祥，等，2001）是主体性的又一种规定。其三，"所谓'主体间性'的实质也就是'主体性之间的关系'。"（俞吾金，2002）

马克思虽然没有在他的交往思想中明确使用"主体间性"或"交互主体性"的概念，但却有对主体与主体之间的交往关系的科学论述。马克思认为"人与人的关系"是能动、现实的"交往关系""社会关系"，这就从一般意义上规定了主体间的关系。同时，在马克思的异化理论中，深刻揭示了在资本主义生产方式的社会历史条件下"人与人相异化"的关系，而且提出共产主义运动就是要扬弃这种"人与人相异化"的关系，充分发挥每个人的自由个性，最终建立起人与人之间相互尊重、共同创造的"共同体"。

应该说，"交互主体性"是对交往世界中的主体间美好状态的描述。其实无论我们怎样理解"交互主体性"，都不妨碍对交往主体性和人类美好前景的憧憬与企盼。当代人和社会的交往理性中普遍存在交互主体性缺失的问题，实际上是缺少对交往理性理想状态的向往和追求。在丰富繁华的物质世界中，当代人时刻以"万物灵长"自居，自认为"高贵"得无以复加，尚未"得意"，早已"忘形"，要不怎么会"被逐出伊甸园"呢。

总之，交往理性在主体性维度上的缺失，导致现实交往的两难状态。现代的人越来越意识到，个体为了生存与避免孤独，为了失落的精神与空虚的灵魂必须与交往联手，融入群体和社会生活之中；而融入社会生活中又将带来个性被社会同化和消解的后果，并最终导致个性被社会大熔炉吞噬，那些"单面人"又将再次陷于失落中难以自拔。总之，"我"在言说着、交往着，却依旧感到寂寞，而且是那种"我"在"人群"之中的寂寞。

（三）交往道德理性的弱化

我国当代社会交往理性的缺失，突出表现在人的交往道德理性的弱化。交往不能没有道德。交往道德理性是交往理性的一项重要内容。交往道德理性的弱化，是当代交往理性的缺失在实际交往中最直接的体现。交往道德理性，是交往理性中通过道德手段对交往起到规范和约束作用的部分。从实际交往来看，交往道德理性的弱化是交往失序的主要原因。

交往道德理性是交往主体对交往道德问题的思考、判断与决策，是个体自觉向善的内在精神品质。人类交往中的道德理性是道德交往行为成为"善行"的前提。缺少道德理性的交往必定是不合理的交往；缺少道德理性的交往主体必定是缺少德性的人。道德理性是道德规范功能在交往中成为可能的前提。当前社会交往的困境，总体上表现为主体对交往行为的道德思考和道德选择能力下降，人们对自身无度欲望进行约束和驾驭能力的减弱。我们所感受到的社会道德滑坡、人心不古，其实就是人的交往道德理性的弱化。

20世纪的西方社会，在快速发展的道路上，曾经经历了甚至比我们今天所面临的更严重的交往困境。如今，当代中国社会在发展的道路上，同样面临着西方道德相对主义、价值虚无主义吞噬人们道德良知的困境，道德意识在交往理性中的分量日渐式微。面对多元价值冲突和矛盾，个体无法找寻到固定的道德评判标准，道德理性相对弱化的交往个体极易受自身非理性欲望的支配。尤其是在市场经济体制下，很多人走向了金钱及物质享受的极端。拜金主义、利己主义大行其道，人与人之间交往的不信任、欺瞒、哄骗司空见惯。当代已经有越来越多的人沦为金钱的奴隶、权力的仆人。交往的秩序似乎只有依靠具有强制效力的法律、法规和规章，才能维持正常。叔本华曾将人对法则的服从比喻为一个能用健全双腿走路的人，却拄着拐杖走路。法则是人类交往的显在秩序，是交往正常进行的拐杖。事实上，道德理性可以让我们在交往中自由行走。

道德是交往理性在人的交往实践中的调解器，而我们在现实中有时会面对一个道德失范、价值无序的社会交往环境。正如列奥·施特劳斯所说："寥寥几代人之前，人们还是普遍确信人能够知道什么是对的，什么是错的；能够知道什么是正义的，或者是好的或者是最好的社会秩序……在我们的时代，这个信念已经回天无力了。"（张伟，2007）我们看到了丰富物质生活中人们贫乏的精神世界和无所皈依的心灵。

事实上，人之所以为人，就在于人可以凭借理性控制自身的本能冲动和欲望。理性让我们无法在关注自我存在意义的同时而对他人、社会的利益视若无睹。交往道德理性本应在时代变迁的同时，紧紧跟随"善"的召唤，在人类不断体认、感悟自我价值、交往价值和生活价值的过程中逐渐丰盈、积淀，为人们缔造一个相互尊重、相互合作、共生共荣的交往世界。

（四）伦理传统对交往理性的干扰

伦理传统在今天人们生活的各个方面仍然发挥着重要作用。我国"伦理"社会结构的格局被费孝通先生称作是"差序格局"。"伦是什么呢？我的解释就是从自己推出去的和自己发生社会关系的那一群人里所发生的一轮轮波纹的差序。""我们的格局不是一捆一捆扎清楚的柴，而是好像把一块石头丢在水面上所发生的一圈圈推出去的波纹。每个人都是他社会影响所推出去的圈子的中心。被圈子的波纹所推及的就发生联系。"（费孝通，1998）伦理传统在长期的历史发展中，已经成为我国社会文化心理构成中相对稳定的因素，人伦观念在当今社会交往的某些领域仍很强势，而源于西方理性精神和理性传统的"交往理性"则相对弱势。

中国不是没有"理性"，只是与西方的"理性"有所区别。在人伦社会中，"情理"一词是中国式理性的特殊表达，也是中国伦理文化特有的精神与结构。它既不是现代西方社会所说的情感主义，也不是西方传统精神的理性主义，而是一种通情达理的文化精神。"情"即人情，或"性情"；"理"是"天理"。"情"代表人的可变因素，"理"代表不变的宇宙法则。在中国文化中，所谓理性，"在中国人看来，理性生命与感性生命应当是同一的，理性必须转化、点化感性生命，以寻求理与欲、真理与价值、知与行的内在统一。"（郑家栋，1993）林语堂先生认为，中国人在判断某论点正确与否时，并不仅仅诉诸道理，因为道理是抽象的、分析性的、理性化的，并倾向于逻辑的极端，而合乎人情比合乎逻辑更重要，或说是将合情理置于道理之上的。情理中的"理"与"情"之间，"在一定条件下，理是随情而变动不居的。理生于情、理寓于情，理以节情、礼以化情。这里的'理'不是西方的'理性'。从根本上说，是从血缘本性、血缘的情之中而产生的性之理、情之理，或人情之理、人伦之理。"（汪怀君，2007）"与由家及国、血缘本位的社会结构方式相适应，中国文化一开始就选择了情感的道路而拒绝了向纯粹理性方面发展，在文化的开端，这是一种自然的倾向，而日后向同一方面发展的文化传统又加强了这一倾向，因而情理便成为中国文化精神的重要结构。"（樊浩，1992）

人伦文化结构中的这种"情理"观，在当代社会的交往观念中突出表现为"人情"或"泛亲情"。人情以情感和情意为核心，是实现人与人之间沟通的桥梁和手段。当"人情"被广泛用于主体开展交往活动和当成维系社会关系的"有效"手段时，人情就泛化了。在中国传统日常生活领域，"人情"往往凌驾于法律规范之上，"人情"歪曲"事理"，使法律规范难以发挥其应有的作用，最终导致"人治"社会的形成。虽然人伦传统的存在有其历史性和合理性，但现代社会在公共生活领域的结构和运行是以"社会契约"所规定的权利、义务的实现为前提的。所以，"人情"在中国社会的政治、经济和文化活动中的存在往往会扰乱正常交往秩序。因为，"人情的突出必然淡化、消解正常的角色关系。"（陈荣杰，2005）当人情泛化、正常的角色关系被消解，社会必将会因为失去公正而变成得无序。人们似乎已经意识到这一点，但仍跳不出这个怪圈。

在越来越开放、越来越广泛的交往中，中西文化不断交流与碰撞，中国人在日常交往领域，运用"人情"时，也在一定程度上植入了理性的思考和评判。在当前人们的交往理念中，人伦情感与理性精神是兼而有之的。在付出情感时有理性的考量，在理性的选择中又摆脱不了情愫的牵绊，这正是交往理性存在状态的一种反映。在交往的某些领域，特别是日常交往领域，交往理性相对人伦传统仍处于弱势。同时，在经济、政治、文化、法律等非日常生活的交往中，"人情"也有不同程度的僭越。在我国当代社会，若想将人们交往中的人情统统清除，似乎不太可能，而且也没有必要，更不符合理性的本质。理性不是冷冰冰的一块铁板，问题在于交往理性应如何引导"人情"，最终构筑一个和谐的生活世界。

三、交往理性的文化反思

任何针对某个现象所进行的原因分析不够深入问题的本质，而对产生此种现象的原因的再分析则是更高层次上的反思，是对"是其所以是"的追问。交往理性的文化反思就是对现实交往困境原因的再分析，是对我国交往理性问题在更高层次上的反思，是对交往理性现存状态的文化追问。

（一）中国文化传统的得失

"人类一直靠轴心时代所产生的思考和创造的一切而生存，每一次新的飞跃都回顾这一时期，并被它重新燃起火焰。"（雅斯贝尔斯，1989）中国传统文化博大精深，孕育着无穷的生存与交往的智慧，是中国现代文化的根基和创新的起点。在物资极度匮乏的古代社会，先哲用他们不朽的思想，创造了滋养后世、永不枯竭、源远流长的中国传统文化，真的让人敬畏。在这个时代，我们已经深刻感受到，精神上的孤立较之物质上的贫乏更让人难以忍受。回到传统，回到文化的源流，对于正视、思考和解决今天的思想困惑、交往困境、精神迷失，无疑是必需的。无论是对传统的接受抑或是批判，都是现代理性精神对交往世界建构和重构的燃点。

我们所说的中国文化传统，主要是指以儒家学说为代表的传统文化在现今时代的存续与延伸。历经几千年的社会变迁，文化传统已经渗透到我国当代社会生活的每个角落，并内化为中华民族的文化心理素质。优秀的文化传统对中华民族的发展和进步起到了至关重要的作用，今天仍有它的积极意义。当然，在社会经济、政治高速发展的今天，我们也已经感受到传统对于进步的牵制和束缚。现代社会的交往理性同样是在中国文化传统的根脉上成长起来的。交往理性的文化承续对当代中国交往社会的发展与建设有着重要的意义。但我们也要清楚，文化传统中也存在着阻碍交往理性现代建构的消极因素。只有客观分析中国文化传统的特质，才能实现现代交往理性对传统的扬弃。

1.整体主义的文化价值观念

中国传统文化把宇宙看成是"天人合一"的整体，"天"和"人"是相互对立的两个有机体。在天人关系上，儒家的主导思想是天人协调，人为贵。传统文化很关注人的发展，而且特别强调自我修养，强调内在转化，从"内圣外王"直到达成"圣人""君子"。似乎在传统文化价值观念中很尊重人，很注重人的能动性的发挥。但传统文化所关注的"人"是作为整体或群体的人而不是单个的人，其价值观念的基点是整体主义。儒家认为人首先是一种"群"的存在，人之所以为人，在于人能"群"。荀子指出："人，力不若牛，走不若马，而牛马为用，何也？曰：人能群，彼不能群也。"（荀子，1986）儒家还强调个体的发展必须以群体中他人的共同发展为前提，"己欲立而立人，己欲达而达人"特别强调个人应当肩负起国家和社会的责任。"乐以天下，忧以天下""穷则独善其身，达则兼济天下"。孟子认为，人不能只考虑自身的完满，而必须为他人和社会做出贡献，要有以天下为己任的社会责任感。《礼记·大学》中有"修身、齐家、治国、平天下"的史训，身修而后家齐，家齐而后国治。虽然始于个人的修养改造，最高目标是为了社会和国家。这种整体主义价值观念作为民族精神已成为中华民族的文化传统。

整体主义作为中国人处理人我、群己关系的准则目前仍潜在地发挥着作用。整体主义要求在交往中要注重整体的利益，而且国家或集体的利益优先于个体的利益。这对于交往合作、友好人际关系、减少人际冲突是非常有益的。而且，在中国"轴心时代"所形成的整体思想对现代价值理性的回归和理性完整性的诉求是有借鉴价值的。但传统的整体主义是以个人绝对服从整体为基本要求的，整体利益往往成了压制个人自由和个性主张的理由。当然，在现代中国社会的交往中，人的个性需要和自由个性的表达，在一定程度上受制于整体主义思想传统，影响了现代交往理性的形成。

2. 社会关系的人伦本位

在中国传统文化中，有两个非常显著并对后世影响深远的特质：一是重整体，二是重人伦。中国几千年的封建社会一直是以人伦为本位的社会，中国传统文化也因此被称为"人伦文化"。人伦是表示中国古代社会人际关系现象的本土化的词。"所谓日常人伦是指人们在社会生活中构成的人与人的各种关系及其原则。"（瞿学伟，1993）人伦是以血缘家庭为基础建立起来的。中国古代人伦的核心是"五伦"，即夫妇、父子、君臣、兄弟、朋友，在此基础上还有宗族、亲戚、邻里、师徒等派生关系现象。孔子有曰："克己复礼为仁"。古代社会人伦的外在形式是礼，内在心理是仁。"仁"是儒家的核心思想，它是处理人际关系的最高原则。孔子认为"仁"即"爱人"，"父慈、子孝、兄良、弟悌、夫义、妇听、长惠、幼顺、君仁、臣忠，十者谓之人义。"把"仁、义、礼、智、信"共同作为应当遵守的人伦原则，规范着人与人之间的交往。关于人与人之间交往的目标，孔子在《论语》中说："礼之用，和为贵。"这里的"礼"指的是周礼；"和"是社会和谐。

人伦文化传统是中国社会在历史演变过程中传承下来的文化样式，在当代社会仍具有现实性和合理性。"人伦思想关注人的生命存在，而人的生命彰显不能脱离人伦关系，由此强调了人与人之间的交互性；它重视人的道德理性，因而，交往目的趋向于善的价值而非利益与功利，这有益于与工具理性相抗衡，创造一个真正以人为目的的生活世界。"（汪怀君，2007）中国文化传统重视伦理道德和感情，因此，能很好地避免对立与对抗。同时，"尽管受市场经济的冲击，当前中国社会人与人之间的疏离感日益加重，但中国儒家文化所强调的人际相互信任、谦让及重视人际和谐与统一的传统在现实社会中并没消失，重'信任'与'和谐'仍是当代中国人际关系建立的心理起点。"（王晓霞，2000）缔结了信任关系的人们，自然会对彼此的关系负有一定的责任。因此，人伦关系在中国人的日常生活和交往中显得尤为重要。

但是，我们也要尽量避免伦理传统给现代社会发展带来的消极后果。人伦传统下的中国人际关系是"亲缘"关系的外推，并把它扩展到社会的各个方面。这样就会导致亲缘关系在社会生活领域中的泛化和极端化，严重影响了社会正常交往和秩序。另外，由于儒家伦理的求和性，人们往往以不伤和气为处理人际关系的根本准则，不利于激发人们的竞争意识和创造精神。有时人们为了求得人际关系的和睦或者是好人缘，个体因此放弃了表达个性主张的权利，处处忍让屈从，以至于社会因此丧失了公平和正义。

3. 人文价值至上的义利观

义与利自古以来就是人所不能回避的问题，特别是当义与利同时出现时，选择变得很难，需要在自己的内心中进行一番辩论。想想圣人、先哲们的教诲，然后再做出选择，才算是心安理得。儒家在对待"义与利"的问题上，历来提倡人的精神道德追求应高于人的物质利益的追求，强调见利思义，取义为先，认为它在实现修身齐家治国平天下的社会理想中占有非常重要的地位。儒家思想认为，对利的追求必须合乎义，见利要思义，不可见利忘义，在义与利的选择中人文价值至上。"君子喻于义，小人喻于利""君子忧道不忧贫"，孔子重义而轻利。但孔子也不是一概否定功利。"他重视公利，提倡'因民之所利而利之''博施于民而能济众'为仁的最高境界；亦不否认私利，肯定'富与贵是人之所欲也'。"（杨韬，1997）对于利的获取，孔子谴责为谋利益不择手段的行为，"君子爱财，取之有道""不义而富且贵，于我如浮云"。在义利观上，儒家思想把义放在第一位，同时也有义利并重的倾向，这也是中国文化的传统。

　　这种见利思义的价值观是我国传统文化之精华的一部分，是现代义利观的理想追求。但我们必须看到，长期的封建社会已经把重义轻利的思想推向极端，道德价值被绝对化。这种片面推崇人文价值至上的思想，必然贬损人们对物质生活的追求，必然导致畸形人格的形成。作为生物体的人，他有追求物质生活的本性和权利，如果这种权利在舆论上和思想上长期受到压抑，就会导致双重人格的出现，如道貌岸然、口是心非等。

　　现代社会，每个人都是生活的主体，个人合理的物质追求应该得到肯定，这是人性不可缺少的部分。相反，如果"灭人欲"必将导致人性的扭曲、社会的动荡。可见，传统文化人文价值至上的观念，在一定程度上虚无了人的自然属性。在封建社会物质相对匮乏的年代，人们对物质的追求是有限的，它的负面影响表现得也不明显和突出。人的主体性的高扬是现代社会与以往社会相比最为本质的区别。压抑几千年的人性弱点在当今这个物质丰富的社会一下子显露出来。交往理性嬗变的基点由思考人在天地间的位置转向人对自身价值的思考，这种对自身价值的思考，并不是真正意义上的价值自觉，而是走向了主体对物质世界的主导和支配能力的层面，并越来越趋向于穷尽物质欲望满足的最大值。所以，交往理性的功利色彩在我国现代社会的交往中已经普遍存在。

总之，从中国文化传统看，中华民族从不痴迷于宗教的彼岸世界、不会痴迷于物的混浊世界，而是执着于虚灵的心境世界，执着于对"存在性境遇"的率性、坦荡、超然的内心体验，执着于对美好和谐社会理想和"圣人"人格的追求。但在中国传统价值观念中，也存在着总体上忽视物质财富价值、自然知识价值和科学技术价值的倾向。文化是一个国家、一个民族最根本的属性，传统与现代即便是到了将来也不可能完全割裂。所以，对交往理性的建构既不能抛弃传统，又要与时俱进。

现代中国交往理性的缺失，不仅有其文化传统中断的原因，同时也有文化现代性的因素。近代以来，西方文化的传入和现当代文化的全球性贯通，给中国传统文化的延续和现代中国人的思想观念带来了很大的冲击。中西文化的交流与碰撞，既对传统提出了挑战，也为中国文化的发展拓展了道路。

（二）经济人和政治人的"理性殖民"

"经济人"和"政治人"是对人的本质认识的两种最有影响力的人性假说，它产生于西方社会，并且已经在世界范围内流行。这两种人性假设理论对我国政治、经济和文化等领域的交往实践和理论研究都产生了重大的影响。从古至今，关于人性问题的讨论便是个引人注目的话题。如中国古代的"性善论""性恶论""善恶二元论"等；西方的人道主义、人本主义、人文主义等关于人性的学说。但真正在现实世界中产生重大影响的并不是那些纯粹的人性形而上学，而是一些具体学科中关于人性的假设。当然，关于人性的问题是没有定论的，将人性置于不同的特定领域进行考察，比如经济、政治、伦理、文化等的人性趋向是不同的，人性是个多重性的集合体。当今最为人们津津乐道的关于人性的假设就是"经济人"和"政治人"。

1.经济人的"理性殖民"

虽然现实世界中人和人性是无限丰富的，但自从古典经济学提出"经济人"假设以后，"经济学帝国主义"就开始了对其他领域的大规模"入侵"，"经济人理性"也开始了它的理性"殖民"。"经济人理性"大有取代社会科学其他一切学科关于人性基本假设之势。如何理解"经济人理性"，要从"斯密难题"说起。

亚当·斯密一生写过两本影响深远的书：一是《道德情操论》（1759）；一是《国富论》（1776）。在这两部书中分别考察了人们行为的伦理原则和经济原则。一直以来，人们大都认为斯密对人的两类行为原则（利他与利己）的阐述是自相矛盾的，而如何实现这两者的统一就成了所谓的"斯密难题"了。斯密在其巨著《国富论》中这样写道："我们每天所需的食物和饮料，不是出自屠户、酿酒家和烙面师的恩惠，而是出于他们自利的打算。我们不说唤起他们利他心的话，而说唤起他们利己心的话，我们不说我们自己有需要，而说对他们有利。"（亚当·斯密，1974）这是西方"经济人"思想的源头。"经济人"理论的内容可以归结为："第一，人所追求的唯一目标是自身经济利益的最大化，人都是自私自利的'经济人'。第二，人的所有行为都是有意识的和理性的，人的决策都是基于理性而不是经验的或随机的。在这个意义上，'经济人'又称理性人或理性经济人。第三，经济人拥有充分的信息，每个人都清楚地了解其所作所为的条件和后果，经济人获取信息不需要支付任何成本。"（厉以宁，等，1996）"经济人"是追求利益最大化的人，"经济人"的本质特征是"自利性"。这是西方经济学界关于"经济人理性"的主流观点。

"经济人"假设在东西方同时产生了重大的影响是有深刻历史原因的。我们且不论"经济人"假设理论本身存在问题与否，但"经济人理性"给人们的现实生活和交往实践确实带来了诸多负面效应。特别是现代中国正处在社会主义市场经济转型期，由于社会主义市场经济本身在发展过程中就存在很多弊端并亟待完善，所以涉及经济伦理的建设更是举步维艰。在经济交往中，"如果缺乏必要的社会规范和道德约束，单纯的经济利益驱动和效益最大化追求，也会导致整个社会的实利主义风气和个人利己主义冲动，因之所谓'经济人'的说法就不仅仅是一种经济学考量的

'出发点'，而且也可能演化成某种人类社会的普遍事实，从而使人类社会生活单极化，人自身也异化为真正的'单面人'。"（万俊人，2002）

可以看到，在"单面人"那里，伦理色彩几乎丧失，"经济人"成了纯粹工具理性的产物。在经济交往中受"经济人理性"影响无比膨胀了的自利性会自发地向交往的其他领域"殖民"。"经济人理性"似乎为日常交往中的那些"天下熙熙，皆为利来；天下攘攘，皆为利往"以及"求富避穷，趋利避害"等自私自利的行径找到了庇护伞和自圆其说、自欺欺人的理由，成了他们与人交往，对待人我、群己关系的"合理性根据"。"经济人"严重模糊追求利益与伦理道德的界限的结果，极不利于现代交往理性的形成，与精神的"伊甸园"背道而驰。

2. 政治人的"理性殖民"

关于"政治人"假设的创立最早要追溯到古希腊时期的亚里士多德。亚里士多德在他的《政治学》中写道："由此可以明白城邦出于自然的演化，而人类自然是趋向于城邦生活的动物（人类在本性上，也正是一个政治动物）。凡人由于本性或由于偶然而不归属于任何城邦的，他如果不是一个鄙夫，那就是一位超人"（亚里士多德，1965）。亚里士多德的这段话后来被人们认为是关于"人是天生的政治动物"的思想。"政治人是追求权力最大化的人"是20世纪美国著名政治学家拉斯韦尔和卡普兰关于"政治人理性"的基本假设。他们在合著的《权力与社会》一书中指出"'政治人'是这样一种人，他们要求关乎他们所有价值的权力的最大化，希望以权力决定权力，还把别人也当作提高权力地位和影响力的工具。（Harold D，1950）"从作为政治活动主体的角度看，"所谓'政治人'就是指处于一定的政治体系和政治关系之中，具有一定政治意识的人。"（王浦，1995）

从"政治人"与"社会公共权力"的深刻联系看，不难理解"政治人是追求权力最大化的人"。社会公共权力主要体现在以下两个方面："一是社会公共权力的统治性，这是权力利益本质的集中体现，也是权力所承担社会功能的出发点和最终目的。二是社会公共权力的管理性，它往往以国家整体和全社会的名义实施，并且也总是要求全体社会成员服从社会整体发展的需要。"（刘志伟，2005）社会公共权力在人们利益的社会分配中是最有权威、最有效的力量。因此，公共权力就成为"政治人"一切政治斗争的目标和焦点。

政治的核心是权力，有权力才有政治。权力本身并不是目的价值，而是手段价值，但它可以用于和服务于不同的目的。"就目前人类的文明程度而言，权力就像阿拉丁神灯，具有巨大的魔力，几乎可以达到目前人类可能达到的一切目的。正因为如此，在人类文明史上自古至今一直存在着'权力崇拜'现象。"（周鸿雁，2005）从近些年来的"公务员报考热"不难看出人们对权力的崇拜。"政治人"对权力的崇拜导致社会上的"权力拜物教"。如今"政治人理性"将权力当成了支配他们命运的神来顶礼膜拜，致使社会的政治交往陷入了金钱政治的漩涡，公共权力成了谋求私利的工具和手段。所以，当"政治人"在日常生活中，将其"政治人理性"扩张到交往实践当中时，难免造成"权钱交易"的发生。

近些年来，"经济人理性"和"政治人理性"就像幽灵一样，始终在我国交往领域中游荡。"它们之所以被人们称为'假设'，不仅仅是因为它们在一定的理论体系中处于不言而喻和不证自明的前提地位，更是因为它们对于人性的丰富性和复杂性的认识不够，从而不能到达科学的高度。……同时也都具有明显的片面性与较大的局限性。它们在给社会带来较大的积极影响的同时，也带来了一定程度的消极效应。"（冯务中，等，2005）

我国现代社会交往理性的缺失，在一定程度上与"经济人"和"政治人"的理性殖民有关。当然，导致我国现代社会交往理性偏失的因素还有社会的民主、法制的问题等原因。就我国现代社会来说，我们深陷于交往困境之中，如果只停留在自查和检讨的层面是不够的。通过对交往理性的文化反思，进而构筑交往理性的理想形态，并最终指向对现实交往理性的改造和实现对摆脱交往困境的价值引导，才是理论研究真正致力于解决问题的积极态度。

第四章　当代社会交往理性的文化建构

　　"冰冻三尺，非一日之寒"，现实的交往困境不可能一下子彻底解决，理想的交往社会也不可能一下子全面实现。所以，交往理性的当代建构既要有对当下交往理性的缺失的引导和改造，又要有对未来完满状态的追求。这是人类认识和社会发展客观规律的内在要求。同时，再完美的理论建构，也需要通过主体的实践才能实现。交往理性理论建构的最终目的是交往主体行为的文化养成。

一、交往理性的当代品格

　　当代交往理性旨在针对当代社会的交往困境和人的发展所面临的问题，寻求思想的共识，寄希望于通过这种思想共识的引导，实现人和社会对交往的合理诉求。交往理性的当代品格，是交往理性在当代中国社会的理想状态。

（一）自觉的价值追求

　　价值取向是交往理性文化构成的核心要素，也是交往理性的核心。交往理性在价值维度上关注的是交往活动中人的价值的实现。人的交往过程的实质就是人的价值追求、价值创造和价值实现的过程，是人的发展的过程。交往理性在价值维度上的追求决定了人在交往过程中的价值选择和价值实现。与现代交往理性的"工具倾向"和"功利倾向"相比较而言，自觉的价值追求能够克服现代交往理性在价值趋向上的盲目、自发和单一。

所以，在价值维度上的自觉追求是当代交往理性必须具备的品格。

"价值追求是由一定价值信念、价值目标决定的，是对一定的价值目标的执着向往并力图达到此目标的强烈驱动倾向。"（王伦光，2004）我们都知道，不同的价值追求必然会带来人的交往行为的不同趋向，甚至截然相反。价值追求对于交往活动具有重要的导向和激励作用。社会生活是多姿多彩的，所以人们的价值追求也是多种多样的。交往理性的价值追求有物质层面的，也有精神层面的，所追求的价值目标也有合法与违法、高尚与低俗之分。各种各样的价值追求可以分为"物化的"和"精神的"两个层次。

物化的价值追求是由人的本能欲望决定的，是以物欲为核心的价值追求。交往中的那些出于人"趋利避害""安全需要"和"物质满足"等的价值追求就属于物化的价值追求，是人的自然属性使然。交往理性的价值追求如果仅仅处在"物化的"阶段，那么交往理性的价值维度就会由于缺少对"意义"的追求而不完满。

所谓"精神的"价值追求，就是人们对社会意义的价值追求，是文化的自觉状态。自觉是"指人们正确认识并掌握一定客观规律时的有计划的、有远大目的的活动"（辞海编辑委员会，2000）。"精神的"价值追求是一种文化的自觉，如果按照费孝通先生关于"文化自觉"理论中的"自觉"来理解，"自觉"就是自知和自主。是能够按照价值的本质和规律对自己的价值追求进行认知（有自知之明）和检讨，并在此基础上主动地追求那些有益于人的发展的、高尚的、真善美相统一的精神价值。"精神的"价值追求本质上是人对自由的自觉追求。如果交往理性在价值追求上达到了文化自觉的阶段，人们就能够克制和避免单纯对金钱、物质享乐、权利等的片面追求，能够自觉地把工具理性与价值理性在有意义的交往活动中有机结合起来，进而处理好交往中社会发展与环境保护、个人价值与社会价值、自身价值与他人价值的关系，切实解决现代社会的交往问题。如果一个人没有积极、健康的价值追求，那么人的自由和全面发展就是一句空话。所以，现代我国当代社会交往理性在价值维度的误区，可以通过自觉的价值追求得到澄明和完善。

（二）自为主体的意识

交往理性是主体对交往、对价值、对自我的认识的理性思考和集中体现，其实也就是人的主体意识的自觉。主体意识的自觉程度，是不同阶段交往理性的真实反映。自在主体的意识是主体意识的低级阶段，自为主体的意识才是当代社会交往理性主体意识的真实品格，是人以真正主体的姿态出现在交往活动中的文化自觉意识。

交往是人的一种生活方式，人们通过交往活动实现了对自己的认识、确证、发展和创造。实现这种认识和创造的前提是人作为一种理性的动物，具有独特的主体意识。简单地说，主体意识是人对"我之主体"的意识。具体而言，"人的主体意识是指人在认识和改造外部世界和人本身并创造着自己历史的活动中表现出来的能动性、创造性和自主性。"（王伦光，2004）主体意识的自觉程度与人的存在方式密不可分。

人的存在和发展是自在与自为的统一，人只有不断地从自在走向自为，最终才能实现自由。人的主体样态也可以分为自在的主体、自为的主体和自由的主体。这些主体样态的观念形态分别对应自在主体的意识、自为主体的意识和自由主体的意识，这也构成了主体性实现的过程。很显然，人的主体意识不可能一下子由自在上升到自由阶段，自为主体意识是它的中间阶段。自在与自为是主体性在人的活动中的精神状态和活动状态的反映。自在主体阶段人的主体性表现为盲目、被动、受本能支配、主观能动性差，没有真正的个性；自为主体阶段人的主体性表现得积极、自主、自觉、富有创造力，充分关注个性。自为阶段的主体在实践中能够自觉认识和利用规律，主动引导客观事物沿着社会和人自身的发展方向前进。自由主体阶段是人的个性自由而全面发展的阶段，是人的发展的高级阶段。自由主体是理想交往理性未来形态的主体诉求，是人类不懈努力的奋斗目标。显然，自为主体是当代符合社会发展客观规律的交往活动的主体诉求。

人的主体性的实现依赖于主体意识的发展；主体意识的发展结果可以通过人的主体性的实现程度来体现。"人的主体性（subjectivity）是按照计划建构世界的能力，它的存在本身就设定了理想世界的存在，我们有权利通过理想世界来评估人类主体性在当下的实现程度，也可以把主体性当作衡量理想世界是否理想的尺度。"（王晓华，2002）所以，交往理性每向前迈进一步，人的主体意识就前进一步，人在交往活动中所表现出来的主体性越充分，交往理性也就越接近它的理想。

现代中国人在主体意识上，整体上仍然处在从自在主体向自为主体意识过渡的阶段。个体在主体意识上也是自在与自为两者兼而有之，两者经常相互矛盾。如果自在主体的意识强于自为主体的意识，就会出现交往的异化。这样的主体意识阻碍了交往理性的发展，成为交往理性前进的障碍。所以，交往中自在主体的缺陷以及由此导致的交往困境，可以通过交往理性中自为主体的意识得到改造和升华。

（三）兼容的文化品格

民族文化精神是中国交往理性文化构成要素中特有的气质。同时，交往理性本身又是中国传统文化和现代西方文化相结合的产物。这里的"文化"是狭义上的文化。文化的多样性是当代文化发展状态的突出表现。现代中国交往理性既是当代文化多样性的一种表现，同时又是对多样文化的整合。通过交往理性的文化反思，可以看到，如何继承和发扬中国文化传统，如何汲取西方文化的营养，既是交往理性自身发展要正视的发展问题，又是在文化交往中以及日常交往中所遇到的文化问题。交往理性的文化态度反映了交往理性自身的文化倾向，它对当代交往主体的文化生成有着重大的现实意义，也是交往理性本身对真理性、合理性和完美性追求的文化属性的必然要求。

当代中国社会，文化的多元化已经不再是一种逻辑推论，而是一种直接的感性现实。各种文化观念席卷而来，我们从来没有像现在这样被迷惑。许多传统已然没有了过去的那种威严，而新的规范又没有确立起来。

所以，中国社会转型期在思想文化上的紊乱，已经影响到社会生活和交往的各个方面，并已经引起了当代人的关注和文化忧虑。当然，文化的多样性、多元化符合文化发展和繁荣的规律，是社会进步的一种表现。文化的异彩纷呈对当代交往理性在文化鉴别、选择、吸收和发展的过程中提出了新的要求。

当代交往理性的兼容的文化品质，要求对待不同文化要在鉴别真伪、优劣、先进与落后的基础上，实现"视阈的融合"并为我所用，其原则是解放思想、实事求是、与时俱进，其目的是发展和创新，追求交往实践中人的文化生成的实际效果。兼容的文化品质，是交往理性本身在文化层面上的自觉，是交往理性自我完善、自我发展的方法论意义上的价值诉求。只有具备了兼容的文化品质，交往理性才能在人们的交往中，尤其是跨文化交往中，增进人们之间的相互理解，提升人们批判和审美的能力，在提高人们文化知识水平的同时，实现精神世界的沟通。兼容的文化品质，能使我们对交往中的各种文化思想、价值观念和社会行为进行批判，能促进交往中正当言行方式的确立，能培养健康的人格，并在共同的道德规范和普适的价值原则上达成共识。所以，兼容的文化品质既是交往理性当代理想形态的必然要求，又是保证交往理性实现当代理想的重要条件。

实际上，交往理性本身就是中西文化交融的结果，其既有西方文化传统的理性精神，又有中国传统文化深厚的人文底蕴。当二者完美结合，就会缔造出适合人类发展的普适价值和通达心灵的交往秩序。这是文化发展的理想追求和我们向往的交往理性的应然状态。

二、当代交往理性建构的内容

交往理性的当代品格指向交往理性的当代理想形态，同时，也为我国当代社会交往理性的建构指明了方向。具体而言，结合我国现阶段社会发展的目标和交往的现状，我国当代社会交往理性建构的内容应当包括以下的方面。

（一）健康、积极的主体意识

交往理性是主体的理性，交往行为是主体的行为。主体之所以为主体，首先在于他有主体意识。所以，自觉明晰的主体意识，是中国交往理性当代建构的首要内容。当代交往理性自为主体的品质告诉我们：要想以自为主体的姿态出现在交往中，就必须具备健康、积极的主体意识。健康、积极的主体意识，使人脱离了自在主体的状态，走向了自为主体阶段。所以，健康、积极的主体意识，是当代交往理性必须具备的内容。

主体意识"是人自立为主体并对于自身的主体地位、主体能力、主体价值的一种自觉意识，是主体自主性和能动性的观念表现"（方世南，1988）。它的本质是人自主、自控、自信、自强、自由的意识。任何人的主体意识都是从以下两个层面体现出来的：一是人的主人意识，即人作为物的主人、活动的主人和自己的主人的意识；二是自主活动的意识，即人在活动中表现出来的个性、能动性和创造性。健康、积极的主体意识，也是针对这两个方面来说的。

健康、积极的主人意识是当代社会合理交往的前提。在交往中，往往离不开物的中介作用。人在作为中介物的主人时，健康、积极的主人意识只把物看作是一种媒介、手段，而不是把物看成交往的唯一目的。自己的主人地位不会受到物的牵制，交往中会避免拜物倾向。交往是主体与主体之间的活动，健康、积极的主人意识是人既把自己当成活动的主人，同时也将他人看成是同自己一样的主体的意识。这就避免了"主体—客体"模式的交往，使交互主体性的实现成为可能。交往的目的在于人的精神境界的提升，健康、积极的主人意识在人与自我的内在交往中表现为积极的自我审视、自我批评、自我认同和自我超越的意识，避免了那种自以为是、自我放纵、自我诋毁、自我堕落的自我主体倾向。同时，健康、积极的自主活动的意识，是交往行为合理化的主体动因。主体在交往活动中所表现出来的健康、积极的个性、能动性和创造性是交往行为和交往理性生成的不竭的动力，是人的完满状态和自由得以实现的源泉。

具体而言，在交往中，健康、积极的主体意识表现在主体对自己的行为进行自主选择、自我调控和自我评价，积极追求主体内在尺度与外部对象尺度的统一，及时纠正各种认识上的错误，敢于正视心理上的弱点，主动矫正行动上的失误。现实中，健康、积极的主体意识往往转化为人的独立自主、自力更生、奋发图强、关爱他人的精神。所以，在健康、积极的主体意识引导下的交往行为，一定是符合当代交往理性品质的行为。

主体意识作为自己交往行为的预备点有两种可能的倾向，或者向善，或者从恶。我们提倡健康、积极的主体意识，是要让真正的交往赢在起跑线上。反之，不健康、消极的主体意识会给交往带来很多的负面影响。我们常说的人的奴役性和依赖性，生活中的等、靠、要的思想，都是消极的主体意识的表现。在交往中，一些人喜欢把自己行为的决定权、指挥权交给一些有权威、有权力的人，其交往行为的准则和是非的标准都是"唯上"的。尤其是年轻人，在交往中认识不到或根本认识不清自己的主体地位，认知不到自己的选择、决策权利，于是出现了不分青红皂白的盲目崇拜。消极的主体意识往往是把能动的主体变成了被动的客体，而当人丧失了自信、自尊、个性，在交往中只知服从权威、大众或根本不存在的神灵的支配，结果就是自我主体失落。

不健康、消极的主体意识还包括交往主体的任性自由意识，或者说极端的自我意识。比如我们常说的个人意识、自我中心意识，在交往中常表现为任性、骄纵、散漫、固执、偏执、目中无人、肆意妄为、唯我独尊等。这样的交往不但人会常常犯主观主义错误，而且会走上另一个极端，因而根本不可能获得真正的自由，这样的交往也不是真正的交往。

（二）诚实守信的道德意识

当代交往理性的理想和品格要求当代人的交往行为首先是一种道德的行为。道德的行为是以道德意识的存在为前提的。道德意识是交往中道德行为、道德言语的前奏，是道德习惯养成的先导。一般地说，人们只有首先形成相对稳定的道德意识，才会付出相应的道德行为，进而养成符合这个社会或时代要求的道德品质。

在当代中国思想道德建设中，尤为突出强调要"诚实守信"。党的二十大报告指出，中华优秀传统文化源远流长、博大精深，是中华文明的智慧结晶，其中蕴含的天下为公、民为邦本、为政以德、革故鼎新、任人唯贤、天人合一、自强不息、厚德载物、讲信修睦、亲仁善邻等，是中国人民在长期生产生活中积累的宇宙观、天下观、社会观、道德观的重要体现，同科学社会主义价值观主张具有高度契合性。（习近平，2022）"讲信修睦"出自《礼记·礼运》大同篇："大道之行也，天下为公，选贤与能，讲信修睦。"意思是讲求诚信，建立和睦关系。古人认为，一个社会，只有人人讲诚信，社会才能展现和谐之美。以诚信为本是中华民族的文化传统。诚信之德是维系良好社会秩序的纽带，在传统道德理念中居于核心地位。在儒家看来，诚信在个人发展、人际交往、国家治理以及经济活动中发挥着十分重要的作用。诚实守信作为一项道德规范，是提高人们思想素质、改善社会风尚、保障经济良性运转的支撑。诚实守信的道德意识，是我国社会交往理性当代建构的重要内容。现代交往理性中，由于主体道德理性的弱化，在一定程度上导致了交往价值的迷失、交往规则的混乱、社会道德的失范，亟须"诚实守信"来予以匡正。所以，在交往理性的构建中，我们突出诚实守信的道德意识的建构，有其现实和深远的意义。

齐美尔说："没有人们相互间享有的普遍的信任，社会本身将瓦解。几乎没有一种关系是完全建立在对他人的确切了解之上的。如果信任不能像理性证据或亲自观察一样，或更为强有力，几乎一切关系都不能持久……现代生活在远比通常了解的更大程度上建立在对他人的诚实信任之上"（郑也夫，2003）。由于现代社会的人类交往在广度和深度上都远远超过了传统社会，所以，维系人际交往关系的纽带更多地诉诸信任。信任的存在，首先意味着道德感的可靠，当然它客观上起到了社会整合的作用。因此，如果社会缺少信任，人与人之间没了诚信，整个社会将面临道德危机。所以，必须将诚实守信的道德意识，作为我国当代社会交往理性建构的重要内容。

诚实守信是人类的优良传统，是现代文明的基石，更是中华民族的传统美德。几千年的中华文明史留下了许多关于诚实守信的训诫，如"与朋友交，言而有信""人而无信，不知其可也""民无信无以立""巧诈不如拙诚""言必信，行必果"等。诚实，即忠诚老实，为人处世以诚相待，忠于事物的本来面貌，不隐瞒自己的真实思想，不掩饰自己的真实感情，不作假、不说谎，不为不可告人的目的而欺瞒别人。守信，就是讲信用、讲信誉，信守承诺，答应了别人的事一定要去做，忠实于自己承担的义务。同时，诚实守信还是在语言交往中应具备的品格。诚实是语言表达中指向过去和现在的部分，它要求语言表达要符合已经发生的和正在发生的事实，是真实的叙述，要真诚地说话，不向别人传递虚假信息，不掩盖或歪曲事实的真相。守信，则指向未来，用来守护言语承诺转化为主体实际行动的效果。所以，诚实守信是思想和行为的高度一致。诚实信用既是交往中每个人应该遵守的原则，同时也是做人的准则。一个人、一个家庭、一个企业、一个国家，在任何时候，都应该做到诚实守信。

在当今社会，诚实守信越来越成为世界各国必须遵守的行为规则。尤其是在我国经济体制转轨和计算机、网络交往普遍化的过程中，社会交往对诚信的呼唤，是当下我国社会舆论的强音。对整个社会来说，诚实守信是社会政治交往、经济交往和文化交往良好发展的保障。

在政治领域中，诚实守信能够让政治交往主体坦诚相见、信守诺言，消除政治偏见和政治争斗，保证政令的顺利实施和政治活动的顺利开展，使政治交往通畅。同时，政府主体取信于民，就能获得民众的拥护与爱戴，并且能从政治的立场为社会树立起良好的诚信氛围。

在经济领域，诚实守信是经济交往健康发展的保证。诚信能够摧毁"无奸不商"的偏见。对现代企业而言，诚信是企业的立足治本。在激烈的现代竞争当中，谁能做到诚信，谁就能赢得更大的发展空间。

在文化领域，诚实守信能够让文化坚守它的品格，不向世俗低头，不向强权和金钱献媚，实现文化交往与真、善、美的完美结合。对个人生活交往来说，诚实守信既是每个公民的道德责任，更是一种人格魅力。如果人人都恪守诚信、童叟无欺，人与人之间坦诚、坦然、敞开心扉，那么日常生活中人们对交往的那份不安和恐惧就会消失，很多交往的困惑都会迎刃而解。

现代社会的诚信危机给交往带来了很多消极的影响。我们都知道"狼来了"的故事，不诚实往往会招来祸患，甚至可能使人身败名裂。"以欺诈与人交，人避之唯恐不远，欺诈何以交人？以诚信与人交，人乐与之交，可交天下。欺诈施而蔑视见，欺诈行而仇恨来，恶行出而惩罚至，欺诈者必无存身之地。"（董俊峰，2006）因此，人人都应该把诚实守信看成是交往的美德，是生活中的荣誉，是向善的人性渴望。对于当代交往理性来讲，诚实守信是一面旗帜，是社会交往进步和时代文明前进的标志。

（三）平等的人格意识

当代社会的交往，应当是一种主体间平等的交往。当代社会人与人之间的交往关系，是一种人格平等的社会关系。平等意识是人格现代化的过程中，同社会主义文化价值观念和人类普适的道德规范相适应的现代人格意识。平等的人格意识是实现主体间人格平等交往的思想基础。

"人格"一词，是人们日常生活中经常使用，在各类书籍中出现频率比较高的词汇。这里的"人格"是指"人区别于动物的内在规定性，是个人在社会环境和实际生活中形成的。通过人的各种行为和社会关系表现出来的、决定个人整体样式的精神特质"（赵继伦，等，2004）。作为人区别于动物的内在规定性，人格平等表现在人获得了做人的尊严和同等的权利，这种尊严和权利都应当得到尊重，不容许任何人以任何形式侮辱、亵渎和践踏。中国古代虽无人格一词，然以"人品""为人""品格"与其相对应。可见，我国古代便已强调人的道德人格。西方近代主张"个性解放"的思想家将个人规定为法律规范与保障的权利主体。

平等的人格意识首先包括对人因其为人而应享有的平等的权利的意识，即人权的意识。《世界人权宣言》提出，"人人生而自由，在尊严和权利上一律平等；人人都有资格享受本《宣言》所载的一切权利和自由（闵家胤，2013）"。关于人权的基本内容，在国际上达成了一定的共识，具体包括：生命权、自由权、财产权、尊严权、获助权、公正权和发展权。生命权是人最基本、最重要的权利，如果无法充分保障人的生命权，那么一切其他权利都是空谈。自由权、财产权和尊严权是生命权和自由权的延续。获助权是和"人道主义"联系在一起的，出现于天灾人祸之后，是生命权的必要保障。公正权是人权的普适性的必然要求，每一个人都有受到公平合理对待的权利。发展权是人人享有充分、自由发展的权利。

交往的平等是指不允许任何公民享有法律以外的特权，任何公民在交往中都不得强迫其他公民承担法律以外的义务，不得使公民受到法律以外的惩罚。平等的人格意识还包括人格理想层面上的平等的意识。孔子的"性相近"，孟子所说的"人皆可以为尧舜"，《荀子·性恶》中的"涂之人可以为禹"，都是说人在人格理想上是平等的。而且，每个人理想人格的起点相同，只要努力，每个人都有实现他的人格理想的可能。

人格平等是真正交往的前提，是交往实现相互尊重、相互理解的条件，是交互主体性生成的人格基础。交往中，是否具有平等的人格意识，直接关系到对自己的保护、权利的使用和对人格尊严的维护。尽量避免交往主体卑躬屈膝、趋炎附势和遭到歧视、不公平的对待。尤其是要克服"官贵民贱""官本位"的思想，要真正树立起人格平等的意识。当然，人格内容上的平等，并不代表人格修养结果上的平等，人与人之间的人格境界是有差异的。二者是形式平等和实质平等的关系。

（四）相互尊重的社交意识

交往理性是交往中人关于自己、关于他人如何交往、如何自我实现的各种意识流的交汇与融合。相互尊重的社交意识，是当代交往理性在具体交往情境中，人与人之间如何对待、如何相处的观念和指导。尊重是一种修养、一种品格、一种良好的交往心态，它是融化在人的交往理性中的当代社交意识。

尊重不单指敬重、重视，而且还指在交往中的言行要庄重，不要放肆和放纵。相互尊重不是口头上的谦逊，不是行为上的点头哈腰。尊重的具体内容包括：对生命的尊重，这是对生命的珍惜和热爱；对知识的尊重，这是对真理的向往；对道义的尊重，辨善恶、知荣辱，这是对美好生活的寻求；对法规的尊重，知惧怕，遵守法规，维护法律的威严；知羞耻，就是对道义的尊重，就是坚守道德的底线；对劳动的尊重，尊重人类的艰辛劳动和劳动成果。尊重常常与协调、包容、忍让、赞赏、合作正相关，与真诚、谦逊、善良、友爱相得益彰，尊重不会与争夺、苛求、嘲讽、攻击、分裂、争斗、孤立、狂妄、自我封闭、违法犯罪结盟。

尊重包括两个层面：一是自我尊重，即自尊；二是尊重他人。自尊是第一位的，只有懂得尊重自己的人才能懂得尊重他人。自尊即自我尊重和自我爱护。交往中的自尊表现为既不向别人卑躬屈膝，也不允许别人歧视、侮辱自己，对自己的言行有自信，约束自己的言谈举止，不放浪形骸。自尊心强不是认为自己比别人优越，而是对自己有信心，相信自己能够克服缺点，战胜困难。交往中所谓的"没面子，伤自尊了"，其实是过于强调"面子"，是自负，不是自尊，面子和自尊不能画等号。

人都渴望得到他人的尊重，但只有尊重他人才能赢得他人的尊重。尊重他人是一种高尚的美德，如"尊师重道""孝敬父母""尊老爱幼"等，尊重他人也是一种文明的交往方式。尊重他人包括：家人之间的相互尊重，有利于消除代际的隔阂，形成融洽的家庭氛围；朋友之间的相互尊重，有利于广交益友，排忧解难，同甘共苦，共同进步，友谊长存；同事、同行之间的相互尊重，体现了对上级、对同级、对自己和对他人工作的责任感、使命感，有利于形成良好的工作环境，有利于团结合作，提高工作效率，有利于养成爱岗敬业的职业道德。由于人与人之间在人格上都是平等的，所以在生活中我们不能把自己的意志强加于人，而是要包容个性和不同的声音，这样才是真正的尊重他人。在生活中，我们送给明星、运动员的掌声是尊重，为普通人鼓掌同样是尊重；对各级领导的仰望是尊重，对同事、下级和普通民众以诚相待，倾听他们的声音，同样是尊重；对情趣相投的人敞开心扉是尊重，对性格不合的人宽容以待同样也是尊重。

同时，尊重他人有时也是对他人的一种鼓励。当你在求知的道路上遭遇挫折，老师的理解与宽慰，会给予你力量而继续攀登；当你在为幼年犯下的错误懊悔不已时，父母的微笑与包容，会给你战胜自己的勇气。曾经在书中看到过这样一则故事：美国一个颇有名气的富商在散步时，遇到一个瘦弱的摆地摊卖旧书的年轻人，他缩着身子在寒风中啃着发霉的面包。富商怜悯地将8美元塞到年轻人手中，头也不回地走了。没走多远，富商忽又返回，从地摊上捡了两本旧书，并说："对不起，我忘了取书。其实，您和我一样也是商人！"两年后，富商应邀参加一场慈善募捐会时，一位年轻书商紧握着他的手，感激地说："我一直以为我这一生只有摆摊乞讨的命运，直到你亲口对我说，我和你一样都是商人，这才使我树立了自尊和自信，从而创造了今天的业绩。"可见，那个富商尊重鼓励的话语，成了这位年轻人人生巨变的转折点，这就是尊重的力量。总之，相互尊重，生活就会多一分安详，多一分快乐，多一分自由。

（五）互惠互利的市场意识

1992年，党的十四大明确提出了"我国经济体制改革的目标是建立社会主义市场经济体制"，从此，社会主义市场经济体制逐步建立。经过了实践的检验，市场作为资源配置的方式，显现出了强大的生命力。在社会主义市场经济条件下，社会物质丰富了，人们的生活水平得到了极大的提高。同时，市场经济也在很大程度上改变了当代人的交往方式。由于人们的经济条件好了，交往的范围也扩大了，很大程度上提高了我们交往的自由度。市场经济给我们的生活不只是带来物质的变化，还带来思想观念上的变革。

在市场经济条件下，当代交往理性必须承担市场给交往带来变化的风险，尤其是对传统交往观念的冲击。所以，我国社会当代交往理性的建构，必须正视利益追求对人们的交往意识的影响，合理引导和规范市场经济环境下的社会交往行为。市场与经济和利益紧密相关，所以，在交往中，社会必须尊重个体对个人正当利益的合理追求，这是无可厚非的。由于现代交往在市场的"引导"下走向了对物质的依赖，交往趋于物化，因此，研究者在当代社会交往理性研究中，对市场经济的思考，不能随波逐流，也不能有意回避。市场经济是一种利益驱动机制，应当承认并保护主体利益，承认主体追求利益的动机、目的和需求的现实存在及其合理性。当然，强调市场经济给人们带来的重大转变，并不是推崇个人主义、物质利益至上等腐朽的资产阶级思想。我们深知极端的拜金主义、享乐主义、个人主义，不但不能给社会、人与自然带来和谐，反而会带来灾难，所以，我们要清醒地认识到市场的自发性以及由此带来的盲目性。现实交往物化的根源之一，在于人们的市场经济意识过于强烈，把交往仅仅理解为对经济或利益的追求，仅仅理解为是市场经济条件下经济运作的一种手段。

我们都知道，市场并不是洪水猛兽，它是经济调节的杠杆。应该说，市场只是生产、经营、发展、交流、合作的平台，而市场运行的规则是互惠互利、合作双赢、平等发展、共同促进，强调权利与义务的综合平衡。交易的双方必须达成互惠。在市场营销领域，成功的推销是以交易能为双方都带来较大的利益或者能够为双方都减少损失为出发点的，推销员不能从事伤害一方或给一方带来损失的推销活动。在市场交换领域，一方可以通过交换享受到自己所不能或不擅长生产的物品和劳务，另一方通过交换获得了劳动的报酬。所以，市场的最终目的，不是牟取暴利，不是见利忘义，它是为消费者服务，通过为消费者服务为自身争取利益，是互惠互利的。互惠互利的市场原则，强调的是权利与义务的对等，付出与回报的对等。互惠互利的市场意识，能够指导人们正确处理经济利益与交往的关系，正确处理人与人之间的利益往来。互惠互利摒弃了以往交往中的个人中心主义和利益至上的错误的市场经济导向，现代交往的物化顽疾可因而得到很好的治疗。互惠互利应该成为当代市场经济条件下主体交往行为的自觉。因此，我们在承认、肯定个人追求交往物质价值的同时，在市场经济条件下，必须要告诉人们，你要在交往理性中树立互惠互利的市场意识，这样才不会迷失，也不会不知所措。在商业领域，互利互惠的经济往来是维持和发展彼此情感的客观基础；在政治领域，政治上的相互支持、相互配合是维持和发展彼此情感的基础；对于大多数人来说，工作和生活上的相互支持与配合是维持和加深情感的基础。其实，这些相互支持、相互配合也都是"互惠互利"市场意识在交往中的延伸。

所以，无论是从生活实际的角度看，还是从社会历史发展的角度来说，交往理性的建构并不取决于理论设计有多么完美无缺，而是取决于它同社会经济形态的本质和规律的契合程度。互惠互利的市场意识，既承认了交往中追求个人利益的合理性和正当性，又对其设定了限制。从思想上解决了过去在很长一段时间里，由于种种原因导致的社会对个人利益的忽视。当代的交往观念并不把追求个人利益排斥在社会主义道德之外，我们也不必讳莫如深。从历史上看，对人的世俗利益的肯定，往往是构成人的解放的历史前提。正像马克思所说："当人们还不能使自己的吃喝住穿在质和量方面得到充分保证的时候，人们就根本不能获得解放。"（中共中央马克思恩格斯列宁斯大林著作编译局，1995）倘若当代交往理性毫不顾及市场经济给交往带来的利益驱动，没有进行及时、正确的引导和规范，那么这个世界的交往将是人性的自戕。

三、当代交往理性的文化培育

当代交往理性形成的具体方式和途径有很多，但社会交往环境的文化塑造、知识教育中交往理性的传输、儿童交往理性的早期启蒙、思想政治教育交往视角的转换、建立道德调控机制和主体的行为实践锻炼，在交往理性的形成中都起着关键的作用。

（一）社会交往环境的文化塑造

交往理性的形成不仅是个人的事，我们还要考虑到社会交往环境对人的影响。社会交往环境对人的交往观念和交往行为的影响是潜移默化的。社会交往环境的优劣，在很大程度上影响到当代交往理性能否形成。对社会交往环境进行文化塑造，目的就在于通过文化对社会交往环境的熏陶和感染，实现社会交往环境对人们的实践活动、认识活动和思维方式的正向作用，最终成就当代人的交往理性。

广义地讲，社会交往环境是与自然环境相区别的社会环境，是指人类在利用和改造自然的过程中所形成的各种社会因素的总和，包括政治制度、经济体制、文化传统、法治状况、教育状况、道德状况，等等。对于个人来讲，社会交往环境指他所在的生活空间内的社会群体的生活方式和道德风尚等构成的社会交往氛围。社会交往环境的文化塑造，就是通过先进的文化对社会整体施加影响，让全社会形成共同的人文理想，打造出和谐社会的文化精神。

1. 弘扬社会主义先进文化

社会交往环境的塑造，就要弘扬先进的文化，只有先进的文化才能丰富人们的精神世界，打造民族的文化精神。所以，我们要大力宣扬社会主义先进文化，为社会交往营造良好的人文环境。先进文化的标准是，它既能为当时社会的发展提供强大的精神动力和智力支持，又能增强国家和社会的生命力、创造力、凝聚力，同时又能超越所处的时代，具有普遍和持久的价值。先进文化也是个人发展的精神动力、智力支持和思想保证。党的二十大报告中明确指出：我们要坚持马克思主义在意识形态领域指导地位的根本制度，坚持为人民服务、为社会主义服务，坚持百花齐放、百家争鸣，坚持创造性转化、创新性发展，以社会主义核心价值观为引领，发展社会主义先进文化，弘扬革命文化，传承中华优秀传统文化，满足人民日益增长的精神文化需求，巩固全党全国各族人民团结奋斗的共同思想基础，不断提升国家文化软实力和中华文化影响力。

2. 强化道德观念

道德观念是社会交往环境的核心内容。社会交往环境的文化塑造，关键在于形成社会主流的价值和道德观念。改革开放40余年来，有很多东西值得我们反思，最让我们忧虑的就是社会价值多元，人文精神失落。在这个多元的社会，每个人都希望有一个可以学习的人生道德来抗拒平庸、励志进取，以道德规制自己的行动。

《感动中国》作为中央电视台倾力打造的一个精神品牌栏目，它以评选出年度最震撼人心、令人感动的人物为主打内容，已经连续举办20余年。《感动中国》节目已经向全国人民推出了几十位人物，其中有徐本禹、田世国、丛飞、王顺友等来自民间的杰出人士，有成龙、濮存昕、刘翔、姚明等光彩夺目的明星，也有钟南山、袁隆平、桂希恩、黄伯云这样的睿智学者，每个人物身上都有一种震撼我们的道德力量。《感动中国》，是国家培育和树立道德人物的一种形式，也是交往理性的人格展示。

3. 营造良好的法制环境

法制就是交往有序进行的最有力的外部保障。所以，加强法制宣传教育，营造良好的法制环境，在交往理性的形成过程中显得格外重要。法制环境一是指一个国家的法律和制度的总和，即静态意义上的法律制度；二是指国家和社会的立法、执法、司法、守法和对法律实施的监督等活动和过程。一个社会的法制环境由这两部分共同构成。如何使法制切实融入人的交往活动，使现实的交往成为合法的交往，是我们应该深入研究的问题。目前，由于部分公民对法律的了解不足，法律意识缺乏或不强，使社会交往中存在大量不合法的问题。所以，为交往营造良好的法制环境，是当代交往理性形成过程中，不可缺少的条件和保障。

（二）知识教育中交往理性的传输

交往理性是"知"和"行"的统一。所以，知识教育中交往理性的传输，是交往理性形成的认知基础。交往理性在主体意识、道德意识、人格意识和市场意识等方面的当代建构，首先来自人的是知识的积累。古人云：学而后可以成圣。知识教育中交往理性的传输，是教育对"真""善""美"的传输。

首先，通过教育获得关于这个世界的"真"。个体在教育的过程中，一方面可以获得关于客观世界和主观世界的知识，实现对客观规律的认识和把握。另一方面，通过教育个体还学到了间接的经验。这些经验中既包括各种技能，还包括社会历史积淀下来的思维方式等。这些关于世界的"真"的认识一旦为个体所掌握并进入实践中，就会转化为主体的能力，从而获得外部活动的自由。人获得的"真"越多，相对而言，实践活动的自由度就越大，对事物的认识也就越准确。

其次，通过教育形成个体的"善"。教育不单单传授知识，更是培养人世界观、人生观、价值观形成的过程。通过教育，个体可以在了解社会价值规范体系的同时，形成自己关于"善"的认识。尤其是思想政治教育，它是"指社会或社会群体用一定的思想观念、政治观点、道德规范，对其成员施加的有目的、有计划、有组织的影响，使他们形成符合一定社会或一定阶级所需要的思想品德的社会实践活动"（张耀灿，等，2001）。思想政治教育的特殊性在于，它给个体传授的"善"是国家和社会所希望看到的主流的思想观念、政治观点、道德规范等主流文化。可以说，思想政治教育集中体现了教育对个体的"善"的塑造。同时，教育也是个体社会化过程的一部分，在这个过程中，知识的"善"就会转变为交往行动的"善"。

最后，通过教育实现心灵的"美"。人是意义的存在，人是向往美的存在。心灵美是构成人的美的核心，只有美的心灵，才会有美的交往行为，才谈得上行为的美，才谈得上美的创造。通过教育可以让学生感受到古往今来高尚的思想；通过教育可以锻炼人的意志、培养人的能力、提高人的审美情趣、陶冶人的情操、净化人的心灵，实现对人的心灵的"美"的塑造；通过教育可以倡导美的行为，实践美的行为、实现物化时代的诗意生存。所以，"教师是人类灵魂的工程师""教育是太阳底下最光辉的事业"等对教育事业的赞誉都缘于教育最深层的本质，即教育在"真""善"基础之上最终要实现个体在虚灵心境世界的"美"，从而追求"美"的交往关系。

（三）儿童交往理性的早期启蒙

三岁看大，七岁看老，交往理性的培育也要从娃娃抓起。从心理学的角度讲，人生早期的经历，对人的一生影响很大。比如孩子从小就过于拘谨，一直没有得到很好的引导，那么他的不合群、不爱与他人交往的个性将会妨碍到他今后的人际关系和事业的成败。儿童时期是交往理性的萌芽阶段，做好学龄前儿童交往理性的早期启蒙工作，孩子将终身受益。

1. 培养孩子对交往的认识

让孩子认识交往是交往理性早期启蒙的第一步。从儿童认知发展的特点来看，他们对周围世界的认识，要借助于具体的事物或表象。对孩子来说，他们根本没有交往的概念，更不知道藏猫猫、跟爸爸妈妈要东西吃、跟小朋友抢玩具是在与人交往，高兴就哈哈大笑，不高兴就又哭又闹，交往都是在无意识下进行的。所以，父母、保姆、祖父母或外祖父母等与孩子联系最多，关系最亲近的人，要在孩子日常的饮食起居中，从语言和行动中有意识地渗透给孩子什么是交往、怎样与人交往以及与人交往的作用，让孩子对交往有一种朦胧的认识，这对他们将来树立正确的交往观，积极参与到社会交往之中是十分必要的。

2. 强化孩子的规则意识

规则意识是交往理性的初级表现形式，孩子对规则的意识其实是一种交往理性的萌动。孩子虽然意识不到什么是交往，但孩子会看人脸色，知道表扬与批评，在生活中有惧怕，有自发的安全需要。这些都是儿童潜意识里的规则意识。比如，孩子说了脏话，如果父母及时给他纠正，严厉地告诉他这是不允许的，否则别人就不理你了，那么他在与别人玩耍时就会注意，即使自己很生气也不能说脏话，否则别人就不跟他玩了。如此反复强化，在孩子的头脑中就会产生和别人玩耍时不能说脏话的规则意识，否则会受到惩罚。只要适时适当地进行强化，包括对游戏规则的遵守、对文明礼貌语言的使用、对讲真话不撒谎的鼓励等，让孩子从小就知道有一些事是可以做的，有一些事是不可以做的；做得好就会被表扬，做错了就会被惩罚。让孩子在日常生活中懂得凡事是有规则的，而且还要按规则去做。

3. 丰富儿童的话语系统

语言是思维的工具，语言是人类交往中最重要的媒介。交往理性是人的理性思维的产物，它依靠语言在交往行动中进行表达。丰富儿童的话语系统，对交往理性的形成是十分必要的。在哈贝马斯看来，与真实性、正当性和真诚性同时相关的言语行为才是真正的交往行为。从语言的交往功能来看，语言不仅是对事物的陈述，语言还是交往意识和情感的言语表达。丰富儿童的话语系统，一是丰富孩子的词汇量，二是多与孩子进行交流。根据儿童发展心理学家的研究表明，3～6岁是语言急速发展和人生中词汇量增长最快的时期，这个阶段是开发儿童语言天赋的最佳时期。有了词汇的积累，还要注重让孩子表达出来，多与孩子交流，通过语言中介，实现儿童的早期交往。

4. 鼓励孩子进行积极的交往行为

当前，我国家庭中的绝大多数儿童都是独生子女，父母、祖父母、外祖父母对孩子的溺爱也很普遍。在儿童阶段，许多孩子都经历过"认生"的阶段，这是他们不愿与超出父母、祖父母、外祖父母之外的人交往的表现。所以，他们并不擅长与伙伴友好相处，特别是在发生纠纷时，经常做出一些消极的行为，所以，平时应注意让孩子多见识一些场合，多与他人打交道，多引导孩子发出谦让、帮助、合作、分享、轮流、同情等积极的交往行为。积极的交往行为能够让孩子与同伴之间建立起融洽、和谐、健康的关系，从中培养出儿童的自信心、主动性、创造性和责任感。积极的交往行为能让儿童体验到与人交往的快乐，并渐渐形成一些关于交往的看法。

（四）强化思想政治教育的交往性

思想政治教育作为人类社会教育方式，具有普适性教育功能。任何国家的统治阶级都希望用主流的政治观点、思想观念、道德规范和法律等来影响和约束其社会成员，使他们成为国家统治和社会发展所需要的人。同时，个体的社会化过程，政治、道德、法律、艺术等素养的形成，都需要思想政治教育的养成教育。传统思想政治教育的一些弊端影响了思想政治教育功能的发挥，所以，确立交往的视角，才能充分发挥思想政治教育对交往理性的培育作用。（赵淑辉，2009）

1. 确立思想政治教育的交往视角

如何理解交往视角下的思想政治教育，其实思想政治教育就是一种教育交往活动。交往视角下的思想政治教育理念不在于直接灌输"真"，而是要受教育者领悟"善"；不在"知"多少，而在"悟"与"行"。思想政治教育不是要在人与客观世界之间完成对象性的认识活动，而是要通过交往完成个人与社会之间的文化融通，最终使受教育者形成符合当代要求的交往理性。所以，思想政治教育不是解决人与物之间的矛盾，而是着重指向人与人之间的交往关系问题，它的核心是思想政治教育交往理性。

我们可以把思想政治教育实践模式理解为"主体—中介客体—主体"结构来区别于传统的"主体—客体"模式。同时需要说明的是，"主体—中介客体—主体"的教育实践模式是多极主体的交往活动，但它不同于后现代语境中的"主体—主体"模式。因为学校教育是有计划、有目的、有组织的系统工程，在教学交往中离不开人类文化凝结而成的物化形式，如语言、符号、信息技术，尤其是物化形式出现以书籍为载体的各种理论学说、时事政治等中介客体之后。由此可见，交往视角赋予了思想政治教育新的内涵和发展的动力，增强了思想政治教育实践的操作性和实际效果。

2. 思想政治教育交往关系的重建

思想政治教育应在教育者和被教育者之间建立融通、和谐的交往关系，为此，需要考虑建立思想政治教育主体间平等对话的互动关系。"灌输"和"传道筒"式的教育是对传统思想政治教育最贴切的概括。教师天然享有并实施着话语"霸权"，是教育活动中的唯一主体，学生为客体，即传统的"主体—客体"教育实践模式。它忽视了学生在受教育过程中的主动性和主体地位，因而出现了思想政治教育的异化现象。按照我们前面的理解，在思想政治教育实践的"主体—中介客体—主体"的结构中，教师与学生都以主体的身份参与到教育交往活动中，克服了以往教师"话语霸权"的思想。在交往过程中，师生之间以平等的姿态，真实地、真挚地交流与沟通，教师允许学生有个性的感悟和体验，让学生通过反思、反省来实现对生活、对意义世界的觉解，进而实现思想境界的提升，形成了思想政治教育交往的平等沟通。

当然，强调思想政治教育交往过程中的师生平等交往，并不意味着解构师生之间的教育关系。思想政治教育是一个系统工程，它以教师富有教育性的思想为引领，通过师生之间的思想、情感的交流与沟通，达成共识，提升学生的思想道德境界。因此，在强调学生主体地位的同时，教师必须担当起对学生在认知能力、人格完善、精神世界的丰富等方面的重要引导作用。

3.思想政治教育交往内容的整合

在教育交往中，教育内容永远是教育交往的主旋律。思想政治教育内容在选择上整合工具理性和价值理性，是解决当前思想政治教育缺乏实效的重要手段。思想政治教育交往内容的整合，是强化思想政治教育交往性在交往内容上的调整，是思想政治教育深入人心的重要条件。

我国思想政治教育在内容的选择上，长期以来是以价值理性或纯粹的价值理性的内容来教育学生的，要求学生从小树立超然于现实生活的宏伟远大的思想目标。这不但在实际行动中有时会让人感到迷茫，不知如何着手。而且长期、纯粹的价值理性倾向的思想政治教育，难免会导致社会及个人发展缺乏动力，在行动上好高骛远。市场经济时期，特别是市场经济蓬勃发展的今天，一味强调个人或集体的精神价值的高尚，忽视或排斥个人物质价值的计较，这样的教育难免会脱离现实生活，受教育者对这样的教育有时会不屑一顾，对老师讲的大道理越来越厌烦，抵触情绪较大。因此，要正视市场经济给人们的生活和思想带来的观念上的转变，汲取其中积极的成分补充到思想政治教育交往内容中来。

在古代，价值理性曾在人类理性中居于主导地位，工具理性在价值理性的光环下黯然失色。近代以来，随着自然科学的发展，出现了对工具理性过分张扬的情况。到了现代，物质极为丰富后的人们又陷入了精神困惑和信仰危机之中。在当代社会，对当代人思想文化和价值观念的塑造，不能舍此逐彼，要兼顾，这才是长远之计。所以，在思想政治教育交往内容的选取上，要将价值理性的内容和工具理性的内容有机整合起来，符合时代和人自身发展规律，兼顾受教育者在物质和精神上的共同需求。

（五）交往道德调控机制的建立

建立交往道德调控机制，是提升主体交往道德理性的重要手段，是交往理性培育的重要环节。交往理性的道德意识能否开花结果，很大程度上取决于交往道德调控机制的效果。社会交往的规范体系主要是法律和道德。法律作为社会交往的外在立法，由于有国家强制力量保证实施，所以对于调整人与人之间的交往关系的作用十分显著，也易于操作。道德是内在立法，社会交往的道德调控呈现为人们以自我完善为目的，以良心等为评价形式的自我修养和自觉约束的过程。

道德调控是指主体自觉地采取各种措施，使道德理想、道德原则和道德规范在大众层面上被普遍接受并转变为人的实际行为方式的过程。道德调控机制是道德调控所采取的各种措施的总和。道德调控机制一般分为内部调控体系和外部调控体系两部分。这两部分共同作用，贯穿于社会交往之中。

1. 交往道德外部调控机制的建立

交往道德外部调控机制是指以道德律令和舆论压力为主要制约力量的各种道德调控形式之和，是社会道德外部调控机制在交往中的运用。道德外部调控机制应该包括道德规范体系、道德保障体系和道德监督体系。《公民道德建设实施纲要》是我国21世纪社会道德规范的纲领性文件，是交往主体必须遵守的交往道德的全部。在此，我们主要讨论道德保障体系和道德监督体系。

其一，交往道德的保障机制。道德保障包括道德惩戒和道德奖赏两方面。道德惩戒是当社会成员交往出现不道德行为时，就要受到相应的批评、制裁和惩戒，剥夺他们所不愿失去的东西。其作用在于通过惩戒，培养人们的道德敬畏感，不至于使人在交往中冲破社会的最后一道屏障。道德奖赏是一种激励机制，即社会对其成员相应的道德行为在精神上和物质上的肯定和褒扬。其作用在于能在一定程度上补偿行为主体的巨大牺牲，免除行为主体的后顾之忧，体现社会对真善美的弘扬，起到良好的道德示范作用。道德奖赏主要适用于交往中的见义勇为、拾金不昧、舍己救人等高尚行为。

建立交往道德的保障机制，无疑是对交往中有良好道德情操的人和事的支持、保护和鼓励，同时也是对那些缺少德性甚至是没有人性的交往行为的鄙视、惩戒，严重的也会受到法律的惩罚。

在日常交往中，道德奖惩可以通过喜爱或憎恶、赞誉或指责、亲近或疏远、认同或排斥等反映形式对人的交往行为进行调控。当然道德的奖惩是有范围的，并不是万能的。

其二，交往道德的社会监督。从一定意义上说，道德规范效力的高低取决于道德监督机制的完善与否。交往道德的社会监督主要是大众传媒监督和人际监督。大众传媒对善恶的谴责就是大众传媒监督。大众传媒的监督在于通过社会舆论，使善的行为受到尊重，使恶的行为受到批评，对人们的交往行为起到约束的作用。互联网时代，道德的社会监督渠道越来越多。如今大众传媒的传播速度越来越快、传播范围越来越广、越来越受重视，网络的道德法庭功能、惩恶扬善的功能和道德监督的力量越来越大。2009年，由中央党校出版社出版发行的《党的建设辞典》收录了"网络反腐"的词条，标志着互联网的反腐作用得到了官方的认可，这在反腐领域不仅具有风向标的意义，更体现了公众日益强大的话语力量。

人与人交往的社会监督，或者叫人际监督是基于人人都不希望无契约、无承诺、无规则的心理，相互之间对交往行为的监督。所以，加强交往道德的社会监督，是树立社会良好交往风气、加强自身监督和道德修养的重要途径。正所谓"众口铄金，积毁销骨""人言可畏"。在社会监督下的交往主体，在交往中会更加注意自己的言行，注重彰显人性光辉的一面，合理、适度地满足人的自然欲求。

2.交往道德内部调控机制的建立

外部道德调控机制是依靠外部强制性的手段对交往道德调控的初级形态，主要适用于主体道德意识发展的早期。其实通过道德外部调控引导人们进行有道德的交往行为，最终还是主体自身道德理性得到提升的结果。所以，由他律走向自律才是根本。交往道德内部调控机制是以良心为依托的调控，是良心调控机制。良心是道德情感的基本形式，是个人自律的突出体现。具体而言，良心是人们在履行对他人和社会的义务或承担责任过程中形成的道德责任感和自我评价能力。良心是各种道德理想、道德原则和道德规范体现为内心的动机、信念和情感的东西。良心在人的交往行为之前、之中和之后都起到隐蔽的评价和调控作用。良心会让人在交往中时时体现出对他人和社会的责任感。一个有良心的人，会因为交往行为给他人带来了快乐而感到满足和欣慰；会因为交往行为给他人带来不快或损害而感到自责和羞愧。良心相当于"仲裁者"。

（六）交往理性主体的实践锻炼

交往理性从实践中来，又要回到实践中去，并在实践中得到提升。只有将理想付诸行动，才能实际地、积极地解决现实交往中的问题，实现交往理性的当代理想。我们都知道"纸上得来终觉浅，绝知此事要躬行"和"九层之台，起于累土；千里之行，始于足下"的道理。主体的行为实践是当代交往理性培育的关键。

1.交往行为的付出

交往理性是观念形态和理论形态的存在物，交往理性必须与人们的生活实际、生产实际和交往实际相结合，才能实事求是、有的放矢。交往理性的实现既离不开理论研究，又离不开社会实际，使二者统一的途径就是行为实践。在行为实践中，主体运用外在的尺度和内在的尺度，将合目的性与合规律性统一于自己的具体行为中，统一于交往之中。这样，交往理性理论才能与实际相联系，而且是与实际的真实情况相结合、相统一。在交往行为付出过程中，首先是付出行动。没有实际行动，我们的计划和目标将付诸东流，我们的价值和理想也不会实现。就像一张地图，无论多么详尽精确，它永远不可能带着它的主人在地面上移动半步；任何绘着秘密藏宝图的羊皮卷，它永远不可能创造财富。毫无疑问，只有行动才能使一切具有现实意义。记住萤火虫的启迪：只有在振翅的时候，才能发出光芒。其次是付出智慧。实际的交往行动不是一种冲动，不是盲目的和无为的付出。这里的付出行动是理性的、有思想的、有见地的行动，或者说要有智慧地交往。智慧是一个人学识、见识甚至是胆识在行动中的体现，是一个人智力素质的综合考验。付出智慧的交往行动才能有对交往价值的思考和对交往行为的自我反思，交往行动才能良性循环。最后是付出情感。交往情感的哲学本质是交往主体对于交往价值关系的一种主观反映或体验。交往情感同样可以分为正向情感与负向情感。正向情感如愉快、信任、感激、庆幸等；负向情感如痛苦、鄙视、仇恨、嫉妒等。我们这里的付出情感是指积极交往付出的正向情感。在交往中，情感往往是激发主体心理活动和交往行为的动机，也是人际沟通的重要表达形式。每个人在交往中都会产生情感，不同的情感会对交往产生不同的影响。比如流泪能够换得对方的同情；恐惧能将人们的心拴在一起；坦诚和坦白可以获得人的谅解，而情感冷漠常使交往者打退堂鼓。因此，付出积极的、正向的情感是建立良好人际关系的必备要素，而且，能够让交往主体保持健康的身心。

所以，在交往行为付出的过程中，交往主体不但会产生一定的交往观念，同时又检验了自己已有的交往理性。可见，不断引导人们投身于交往实践，学会交往，提升交往的品位，体验交往理性价值，这对于我国当代社会交往理性的培育有着重大的意义。

俗话说，付出才会有收获。今后我们要更多地去进行有意义的交往实践，多去体验，多换位思考，亲自去做。要想在交往中赢得别人的尊敬，唯一途径是用自己的实际行动来证明，脚踏实地做人、做事。所以，不要再犹豫了，不要再纠结了，我们应该适时地放下电脑、走出家门，积极参与社会和家庭成员之间的交往活动，在交往实践中锻炼自己，提升自己，体验和改造自己的交往理性。

2. 纠正交往行为的偏差

如果交往行为出现了偏差，就会导致现实交往行为的种种不合理现象。具体如交往方式不恰当、话语不得体、传递的信息不准确、媒介物不合适等，这些都会影响到交往的质量和情感沟通的层次。交往行为的偏差会在主体的实践锻炼中得到纠正。不同领域的实践活动，都会在不同层次和程度上给予主体关于交往的思考和启发。由于每个人头脑中都会前置一种交往模式或交往习惯，所以，积极参加不同领域的实践活动，不但会开阔人们的视野和关于交往的思路，同时还会在具体的行为中给我们一些指导和帮助。我们会在最直观的活动中，亲身体会和借鉴到怎样做才是合理的、令人愉悦的、身心放松的交往。实践锻炼既为主体的交往理性实践提供了机会、平台和参照，同时，也是对交往行为进行纠偏和改造的舞台。交往行为偏差能够得到纠正，其实就是交往行为付出的"收获"。在整个交往过程中，在不断总结成功的经验和失败的教训的基础上，交往主体逐渐建立起对交往的自信，不断提高自己对交往理性的认识能力和实践能力，实现交往理性的自我提升。

四、交往理性的评价

交往理性的评价活动是交往理性进行自我纠正和发展完善的必要环节。现实生活和交往中的人们，无论是否察觉或是否愿意，人人都处在自觉不自觉的评价与被评价之中。评价贯穿于人的物质生活和精神生活的各领域，贯穿于人与人交往的始终。

"评价就是评定价值，是对与评价主体直接相关的事物、现象、关系有无价值、有多大价值的断定。任何评价，其目的都在于从性质上判断对象具有正价值还是具有负价值……表现在对象上，是客体之价值得到澄明和肯定的过程；表现在主体上，是评价主体之价值观念和价值态度的外化过程。（晏辉，2001）"作为主体精神性存在的交往理性，在交往实践中也会受到主体自身和社会的评价。交往理性在交往实践中表现出来的价值功能具有差异性。对于追求完满和高尚人生境界的主体，交往理性必然起到弘扬其人性光芒的正价值功能，他的交往世界和现实生活是充满阳光和多姿多彩的；反之，人性弱点强势的交往理性，必定无法摆脱慵懒和低级趣味的生活，社会回馈他的也只是苍白和无意义。交往理性的自我评价和社会评价，就是从自我和社会两个方面对自己所形成的交往理性进行的评判和检讨。根据不同的标准可以将评价活动做多种分类。按照评价活动的主体来划分，可以把评价分为自我评价和社会评价。自我评价主要是指个体的自我评价，社会评价指源于日常生活的社会评价，评价的内容均是交往理性。

（一）自我评价

交往理性的自我评价是自我作为评价主体对客体自我的评价活动，评价标准是人对交往需要的满足程度。人对交往的需要是主体生存和生活的基本需要之一。通过交往可以满足人们物质生产劳动中的分工与合作的需要，可以满足人们获得知识和经验的需要，可以满足人们对友谊、同情、理解、关爱、尊重等情感需要等次生需要。对交往需要的满足程度与通过交往产生的次级需要的满足是分不开的。

应该看到，主体需要是多种多样和多方面的，有些需要在一定条件下甚至会相互冲突，这就要求主体在比较和权衡的基础上予以取舍。交往需要可以概括为交往中对物质的需要和交往中对精神的需要，其中对精神的需要包括交往中对知识的需要、对情感的需要和对自我提升的需要。"正确的自我评价活动必须与主体正确地选择一定的需要作为评价标准联系在一起，也必须与主体正确地整合主体需要与作为客体的主体属性之间的价值关系的信息联系在一起；两者构成了正确的自我评价活动的必要条件和充分条件，缺一不可。"（陈新汉，2007）

在交往理性的自我评价活动中，通过对交往理性指导下的交往活动满足主体何种交往需要及对该需要的满足程度的评判，可以反思自己的交往理性是物质的、功利的还是自我提升的。这种评价形成了主体的"自我感觉"，这种"自我感觉"影响着主体的人生态度和人生境界。正确的自我评价是自我教育、自我完善的重要途径之一。自我评价、自我分析和自我反省，会使人发现真实的自我和塑造理想的自我，并在生活中逐渐成为理想中的自我。自我评价还影响对他人的评价。不能正确评价自己的人一般也不大会正确评价别人。而心理学和社会学的研究发现，人们如何评价别人，就会以什么样的方式对待别人。也就是说，人们的评价决定态度。而不同的态度就必然有不同的交往行为和交往方式，形成不同的交往关系。

（二）社会评价

交往理性的社会评价是指社会作为评价主体对个体日常交往实践中的交往理性的评价活动。交往理性评价的社会尺度是起着维系社会关系、稳定社会结构功能的用以维持交往正常进行的交往规范。人总是处于人与人之间的各种关系之中。为了使社会能有序地存在和发展，社会在历史进程中必然会产生调整人们之间以及个人与社会之间关系的规范。社会规范可以概括为两类：一是通过文字形式固定化的法律、制度、章程、规章和守则等行为准则。二是社会公德。人们对那些与社会共同生活关系较为重要的事物与行为，给予是非、善恶、公正或偏私的评价，加以褒贬，由此形成道德标准。

社会公德是人类在社会生活中根据共同生活的需要而形成的，如遵守公共秩序、讲文明、讲礼貌、诚实守信、救死扶伤等。它对维系社会公共生活和调整人与人之间的关系具有重要作用。社会公德作为一种无形的力量，约束着我们的交往行为。违反社会公德的交往行为其社会评价和自我评价就会受到社会舆论和良心的谴责。在交往理性的自我评价和社会评价中，可能会影响到评价正确有效进行的几个问题需要引起重视：其一，要重视主体的文化素质在自我评价中的作用。主体意识和文化自觉是以人的丰富交往实践和文化积累为前提。文化素质是进行自我评价的前提和基础，个体文化素质的高低和文化交往的发达程度直接关系到自我评价的质量。其二，要重视非理性因素在评价中的作用。由于主体的个性不同，所以，自我评价标准与个体的本能、欲望、情感、情绪、意志等紧密相关。它们是个体活动的内在驱动力，非理性因素在评价中所占比例多少，关系到评价的理智、客观与否。其三，要重视社会规范的时代性、合理性。社会规范既是人们进行社会交往的准则，又是进行评价的重要依据。交往理性的自我评价和社会评价都需要以合理的交往规范和规则为前提。因此，社会规范的时代性、合理性对交往理性正确有效的评价至关重要。

结　语

　　现代社会交往中的困惑让人忧虑，我们深感自己的责任。"交往理性"作为现代哲学舞台上的新秀，是承接过去与未来、融合今古中西的"大话题"，很敏感。作为人类交往历史的见证和对未来美好社会的寻求，我们深感"交往理性"问题的沉重与激昂。哲学理性对现代社会交往困境的反思不是无奈的叹息，而是振聋发聩的呐喊。"交往理性"作为当代哲学关注的热点问题，正是哲学理性针对这个时代的病症——工具理性与价值理性的断裂、人的交往异化加剧等矛盾，发出的拯救人类精神家园和重建当代理性的呐喊。

　　哈贝马斯"交往理性"的提出给我们带来了理论疆土的无限扩展，点燃人们对交往生活关注的激情。人是理性的动物，理性是一种精神。人类文明发展到今天，我们依靠健全的理性，不断地解决问题、改变世界、追求幸福生活。理性不仅要追求科学知识，而且要改善人的生活境遇，交往理性不单是认识理性或工具理性的兼顾，更是工具理性与价值理性的统一。实际上"认识你自己"，就是通过认识，达到善的境界。在中国古代《大学》中，开篇就指出"大学之道，在明明德，在亲民，在止于至善。"这里的"道"相当于西方古代语言中的理性，或"逻各斯"，"至善"是一种合乎理性的精神安排。在我们的精神世界里，理性精神让我们的追求达到真善美的统一。

　　一般来说，哲学理性对交往现象的思考古已有之。但要解决现代社会交往中的困惑，必须把交往的问题上升到交往理性的高度。现代社会交往困惑的出现究其实质是社会交往理性出了问题。何谓交往理性，哈贝马斯的"交往理性"是在言语行为中与真实性、正当性和真诚性三个有效性要求同时相关的交往行为的合理根据。从文化哲学的视野出发,我们理解交往理性,回答什么是交往理性,必须诉诸理性、交往和文化这三个维度。从理性维度看,交往理性的运行是主体的思维功能;它的结果是思维者的主体对外部存在的理智审定。从交往维度来看,交往理性是交往中的人和社会的显在和潜在的秩序,是支配交往行为的主观依据,其核心是交往中的主体性问题。从文化维度看,交往理性是在继承传统文化时,思考自己时代遇到的文化问题中形成的,是对交往世界的真理性、合理性、完美性的寻求,其价值归宿指向人的自由。

在现实交往中,交往理性是规定和调节人与人之间的交往行为和交往关系的观念,涵盖了经济、政治、文化、教育等不同领域的交往意识。交往理性影响着人的思维方式、人生境界和人际关系状况。所以,交往理性的进步程度直接关系到人的全面发展的问题。同时,交往理性还关系着社会的政治、经济和文化等方面的和谐发展。在正确、理想的交往理性引导下的交往行动,必然指向正确、合理、积极、健康向上;反之,必然导致交往实践的不合理,甚至是异化。

当前我国社会在政治、经济和文化交往方面都存在异化的态势。具体到个人的生活中,代际、代内交往、邻里交往、夫妻交往、同事交往等方面都有不同的困惑出现,尤其是在网络科技环境中,网络交往的困惑更值得我们深思。我国当前交往困惑的根源是交往理性的缺失。我国当前交往理性的缺失主要有价值维度的误区、主体性的不完善、道德理性的弱化和人伦传统的干扰等几方面。出现这些缺失既有传统文化的根源,也有现代社会政治人和经济人的"理性殖民"的原因。分析问题的目的在于解决问题,解决交往理性的现实问题,构建当代交往理性,应当包括健康、积极的主体意识、诚实守信的道德意识、平等的人格意识、相互尊重的社交意识和互惠互利的市场意识等方面的建构。理论上的完美不等于实际的效果,如何培育当代交往理性,确保交往理性在交往行动中的实际效果。应考虑如下方式:社会交往环境的文化塑造、知识教育中交往理性的传输、儿童交往理性的早期启蒙、强化思想政治教育的交往性、交往道德调控机制的建立、交往理性的主体实践锻炼，最后通过交往理性的自我评价和社会评价实现交往理性自身的发展完善。

在当代社会中，"交往理性"不只是关于交往的理性观念的整合，而且是理性的当代范式。理性本身带有理想和超越现实的含义，理性更代表人们对美好境界的追求。当然，理性发展至今，仍不能完美地解决所有问题。"当代科学技术所带来的消极后果，确实不同程度上危害到了我们的人文生存环境。这些消极后果并非理性本身的必然产物，而是人们不能完全科学地认识技术活动的结果的产物，比如，最初人们就没有意识到工业废气对大气层的破坏性。环境污染是我们的科学还相对不发达的衍生结果。事实上，也不是只有人才破坏环境，动物，如山羊、野兔，等等，都对植被破坏和沙漠化负有责任。人正是因为有了理性，才能思考时代环境问题，并不断寻求改进的措施和方法。"（韩震，1996）也许现代社会的交往困惑，根本上不在于科学技术给人类带来的异化，而是在于人类意义的普遍失落。"当今时代的交往目标与克服饥饿和贫困时代的交往目标是不大一样的，现代人的烦恼算是奢侈的烦恼。"（李素霞，2004）现代交往的困惑确实算是"奢侈的烦恼"，因为当代"交往理性"的价值追求使社会更加公正、人类更加自由、生活更加有意义。

总之，研究我国当代社会交往理性、构建当代交往理性的理想形态，最终的目标在于实现人类的自由解放。交往世界的发展、交往理性的进步，必定要经历一个"各美其美，美人之美，美美与共，天下大同"的人类的心路历程。因此，交互主体性真正实现后的未来社会交往必定会比今天更丰富、更活跃、更令人激动，我们无比向往。关于"交往理性"，本书所涉及的，还只是沧海一粟。

参考文献

[1] [70] [73] 王晓东. 日常交往与非日常交往[M]. 北京：人民出版社，2005: 34、143、147.

[2] [56] [57] [62]哈贝马斯. 交往与社会进化[M].张博树，译. 重庆：重庆出版社，1989: 6、29、67、101.

[3] [11] [12] [44] [45] [48] [49] [50] [51] [53] [54] [63] [64] [65] 中共中央马克思恩格斯列宁斯大林著作编译局.马克思恩格斯选集：第1卷[M]. 北京：人民出版社，1995: 86、107、67－68、72、68、108、110、254－255、88、89、86、35、85－86、127.

[4] 见君.理性的困惑——遭遇多元[M]. 北京：中国社会出版社，2007: 68.

[5] 景凯旋. 意义也是一种事实[J].读书，2008(8): 68.

[6] 艾四林. 哈贝马斯思想评析[J].清华大学学报（哲社版），2001(3): 11－18.

[7] 中共中央马克思恩格斯列宁斯大林著作编译局.马克思恩格斯全集: 第23卷[M]. 北京：人民出版社，1972: 202.

[8] 赵淑辉. 21世纪我国交往理性研究评析[J].内蒙古大学学报（哲学社会科学版），2009: 5

[9] 郑召利.90年代交往理论研究述评[J]. 教学与研究，1999(10): 64－66.

[10] 胡珊. 精神交往论[D]. 长沙：湖南师范大学，2005: 4.

[13] 王怡红. 人与人的相遇[M].北京: 人民出版社，2003: 40.

[14] 李沙. 文化是一个故事[M]. 广州: 广东教育出版社，1997: 11.

[15] 朱荣荣.论哲学是被把握在思想中的时代——对哲学与时代双向互动

关系的一些断想[J].天中学刊，2011(3): 46—49.

[16] 王南湜. 交往概念与哲学思维范式的转换[J].求是学刊，2000(5): 10—13.

[17] 汪波. 政治学基本人性假设的再探讨——论"政治理性人"的基本逻辑[J].浙江社会科学，2007(6): 52—58.

[18] 沈湘平. 理性与秩序——在人学的视野中[M]. 北京: 北京师范大学出版社，2003: 98—101.

[19] 列宁全集：第55卷[M]. 北京: 人民出版社，1990: 183.

[20] 毛艳霞.论马克思哲学实践性的内涵[D]. 西安: 陕西师范大学，2007: 2.

[21] 庄锡昌，顾晓鸣，顾云深. 多维视野中的文化理论[M]. 杭州：浙江人民出版社，1987: 334.

[22] 本尼迪克特. 文化模式[M]. 王炜，译. 北京：三联书店，1988: 48.

[23] 马林诺夫斯基. 文化论[M]. 费孝通，译. 北京：华夏出版社，2002: 2.

[24] 朱希祥. 当代文化的哲学阐释[M]. 上海：华东师范大学出版社，2006：29.

[25] 李纯. 教学本质的文化哲学之思[J]. 天中学刊，2010(4): 130—132.

[26] 山崎正和. 社交的人[M]. 周保雄，译. 上海：上海译文出版社，2008: 203.

[27] [77] 李秀林，王于，李淮春. 辩证唯物主义和历史唯物主义原理[M]. 北京：中国人民大学出版社，1995: 98, 360.

[28] 唐雄山. 论人性的稳定性与可变性[J].佛山科学技术学院学报（社会科学版），2000(2): 6—12.

[29] [88] 刘进田. 文化哲学导论[M]. 北京：法律出版社，1999: 409, 274.

[30] 金炳镐. 中国民族理论研究二十年[M]. 北京：中国民族大学出版社，2000: 149.

[31] [32] 李静.民族心理学研究[M]. 北京：民族出版社，2005: 166, 118.

[33] 樊浩. 中国伦理精神的现代建构[M]. 南京：江苏人民出版社，1997: 297.

[34] 中国中央党史和文献研究院，中央学习贯彻习近平新时代中国特色社会主义思想主题教育领导小组办公室.习近平新时代中国特色社会主义思想专题摘编[M].北京：党建读物出版社，中央文献出版社，2023: 330—331.

[35] 彭聃龄. 普通心理学（修订版）[M]. 北京: 北京师范大学出版社，2004: 327.

[36] 谭俊杰. 论人的需要与价值追求[J]. 四川师范大学学报（社会科学版），1998(2): 26—31.

[37] 黑格尔. 小逻辑[M]. 北京：商务印书馆，1980: 37.

[38] 杨永德. 论知性范畴[J]. 延边大学学报（社会科学版），1984(4): 18—24.

[39] 尹瑜新. 论认识过程中的感性、知性、理性问题[J]. 社会科学辑刊，1983(5): 20—25.

[40] 邓治文.论文化认同的机制与取向[J].长沙理工大学学报（社会科学版）. 2005(2): 30—34.

[41] 江琴. 自我认同及自我认同危机刍议[J].湖北第二师范学院学报，2008(10): 92—94.

[42] 中共中央马克思恩格斯列宁斯大林著作编译局.马克思恩格斯全集: 第6卷[M]. 北京:人民出版社，1961: 486.

[43] 中共中央马克思恩格斯列宁斯大林著作编译局.马克思恩格斯全集: 第46卷上[M]. 北京：人民出版社，1979: 21.

[52] 姚继刚.马克思交往理论源头再考察——重读德意志意识形态[J]. 哲学堂，第一辑，2004(6): 38—58.

[55] 张义修. 意识作为"我对我环境的关系"意味着什么——《德意志意识形态》与马克思的认识论革命[J]. 广西大学学报（哲学社会科学版），2022(1): 42—48.

[58] J.Habermas. The Theory of Communicative Action, Vol. I [M].Thomas Mc-Carthy, tr. Baecon Press, Boston, 1984: 138.

[59] [60] Jürgen Habermas. Moral Consciousness and communicative

Action[M]. MIT Press, 1990: 65—66, 89.

[61] [66] 哈贝马斯. 交往行为理论[M]. 曹卫东，译. 上海：上海人民出版社，2005: 375.

[67] [71] 李文成. 追寻精神的家园[M]. 北京：北京师范大学出版社，2007: 1, 331.

[68] 李海滨. 交往的历史形式及其根据[J]. 哲学研究，1992(8): 33—40.

[69] 王丕. 马克思恩格斯关于感觉的理论[J]. 心理学探新，1981(2). 53—56.

[72] 王啸林. 政治学的困惑[EB/OL]. （2019-10-21）. http:// mp.weixin. qq.com.

[74] 王向辉. 先秦时期精英阶层成型初探[J]. 西安文理学院学报（社科版），2007(4): 28—31.

[75] 金耀基. 中国现代的文明秩序的建构——论中国的"现代化"与"现代性"[J]. 北京大学学报（哲学社会科学版），1996(1): 27—34, 134.

[76] 韩民青. 论人类文化的转移[J]. 济南: 山东社会科学，1990(3): 66—71.

[78] 彭树智. 论人类的文明交往[J]. 史学理论研究，2001(1): 5—18.

[79] 刘湘溶，罗常军. 思维方式生态化及其现实价值[J].湖湘论坛，2010(3): 5—7.

[80] 刘慧. 论思维方式的文化构成[D]. 长春: 东北师范大学，2004. 9.

[81] 许瑞祥. 论思维方式的构成[J]. 南开学报，1994(3): 40—45.

[82] 单连春. 人生境界论[D]. 长春: 东北师范大学，2006: 15.

[83] 冯友兰.人生境界[EB/OL]. （2013-02-22）. http:// www.doc88.com/p—3334780215091.html.

[84] 王莹. 论人际关系和谐的现代意义及其实现途径[J].道德与文明，2009(1): 93—95.

[85] 龙柏林. 个人交往主体性的研究[M].广州：广东人民出版社，2005: 101.

[86] 骆郁廷. 精神动力论[M]. 武汉：武汉大学出版社，2003: 130.

[87] 虞崇胜. 和谐社会政治发展的动力机制和平衡机制（下）[J].北京联合

大学学报（人文社会科学版），2008(1): 15—25.

[89] 吴志成.积极参与全球治理体系改革和建设[EB/OL].（2023-02-17).中国社会科学网，www.cssn.cn/gjgc/lbt/ 202302/t20230217_5589093.shtml.

[90] 艾斐. 关于民族文化与全球化——文化的一个时代命题[N]. 人民日报，2002-7-7.

[91] 万俊人. 现代性的伦理话语[M]. 哈尔滨：黑龙江人民出版社，2002: 347.

[92] 赵淑辉，赵继伦. 当代思想政治教育交往理性思考[J].河南师范大学学报（社科版），2009(6): 254—256.

[93] [94] [151] 习近平. 高举中国特色社会主义伟大旗帜 为全面建设社会主义现代化国家而团结奋斗——在中国共产党第二十次全国代表大会上的报告（2022年10月16日）[M].北京：人民出版社，2022: 25, 26, 18.

[95] 郭树清. 完善现代金融监管体系[EB/OL]. http:// www.thepaper.cn/newsDetail forward 10280527/2020-12-07.

[96] 周宵鹏. 交通拥堵已成中小城市痼疾 治堵缺资源更缺"脑洞"[EB/OL]. http:// finance.people.com.cn/n1/2017/0312/c1004—29139456.html.

[97] 马丁·阿尔布劳. 全球时代——超越现代性之外的国家和社会[M]. 北京：商务印书馆，2001: 130.

[98] 白春阳. 全球化视野中的"交往"理论初探[J].贵州大学学报（社会科学版），2005(3): 8—11.

[99] 中国互联网络信息中心. 我国网民规模达10.51亿[EB/OL]. https://www.gov. cn/xinwen/ 2022-08/31/content_5707605.htm.

[100] 中央网络安全和信息化委员会办公室，中华人民共和国国家互联网信息办公室. 国家卫健委明确青少年网络成瘾诊断标准[EB/OL]. http://www.cac.gov.cn/2018—09/27/c 11234871 76.htm.

[100] 李行健，许嘉璐.现代汉语规范词典[M]. 北京：外语学习与研究出版社，2016: 1601.

[101] 姚纪纲. 交往的世界[M].北京：人民出版社，2002: 53.

[102] 杨威，陈红. 论人情交往的异化及其消解[J].哈尔滨学院学报，2002(6): 12－16.

[103] 吕梁山. 交往结构及要素浅探[J].辽宁师范大学学报（社科版），1997(3): 8－10.

[104] 医护多.世卫报告：抑郁症将成首位致残原因！[EB/OL]. https://mp.weixin.qq.com.

[105] 李德顺.立言录[M].哈尔滨：黑龙江教育出版社，1998: 283.

[100] [101] 石明. 价值意识[M]. 上海：学林出版社，2005: 49, 66.

[106] [107] 秦光涛.意义世界[M].长春：吉林教育出版社，1998:序，1.

[108] [111] [112] [115] 韩庆祥，邹诗鹏. 人学[M]. 昆明：云南人民出版社，2001: 275, 311, 302, 275.

[109] [114] 陈金美. 论主体性与客体性、主体间性的关系[J].求索，1997(5): 85－81.

[110] 沈湘平. 理性与秩序——在人学的视野中[M]. 北京：北京师范大学出版社，2003: 98.

[113] 孙正聿，李璐玮. 现代教养[M]. 长春：吉林教育出版社，1996: 201.

[116] 俞吾金. "主体间性"是一个似是而非的概念[J]. 华东师范大学学报（哲社版），2002(4): 3－5.

[117] 张伟. 多元价值背景下个体道德理性的塑造[D]. 济南：山东师范大学，2007.

[118] 费孝通. 乡土中国·生育制度[M]. 北京：北京大学出版社，1998: 26－27.

[119] 郑家栋. 理性与理想：中国现代人文主义哲学的基本精神[J].哲学研究，1993(8): 33－38.

[120] [129] 汪怀君. 人伦传统与交往理论[M]. 济南：山东大学出版社，2007: 23, 44.

[121] 樊浩. 中国伦理精神的历史建构[M]. 南京：江苏人民出版社，1992: 12.

[122] 陈荣杰. 论角色关系人情化[J]. 华东理工大学学报（社会科学版），2005(3).

[123] 雅斯贝尔斯. 历史的起源与目标[M]. 北京：华夏出版社，1989: 14.

[126] 翟学伟. 中国人际关系的特质[J].社会学研究，1993(4): 74—83.

[130] 王晓霞. 当代中国人际关系的文化传承[J].南开学报，2000(3): 88—95.

[131] 杨韬主编. 时代精神的精华[M]. 哈尔滨：哈尔滨工业大学出版社，1997: 190.

[132] 亚当·斯密. 国民财富的性质与原因的研究（上卷）[M]. 北京：商务印书馆，1974: 14.

[133] 厉以宁，章静. 西方经济学基础知识[M].北京：中国经济出版社，1996.

[134] 万俊人. 现代性的伦理话语[M]. 哈尔滨：黑龙江人民出版社，2002: 286.

[135] 亚里士多德. 政治学[M]. 北京：商务印书馆，1965: 7.

[136] Harold D. Lasswell and Abraham Kapian, Power and Society[M]. New Haven: Yale University Press，1950: 78.

[137] 王浦. 政治学基础[M]. 北京：北京大学出版社，1995: 309.

[138] 刘志伟. 论政治人理性[M]. 北京：中国社会科学出版社，2005: 11.

[139] 周鸿雁. 探寻权力的合理性：构建政治伦理学导论[J].江汉论坛，2005(8): 41—44.

[140] 冯务中，李义天. 几种人性假设的哲学反思[J].社会科学家，2005(3): 7—11.

[141] [143] 王伦光. 论价值追求与人的全面发展[J]. 浙江社会科学，2004(2): 132—137.

[142] 辞海编辑委员会. 辞海[M]. 上海：上海辞书出版社，2000: 2281—2282.

[144] 王晓华. 主体性、自由与理想世界的两个维度——兼谈马克思的

communism概念[J].探索，2002(5): 95—97.

[145] 方世南. 主体意识不等于自我意识[J]. 哲学动态，1988(8): 33.

[146] 郑也夫. "信任"与经济繁荣的不解之缘[N]. 中华读书报，2003-01-29.

[147] 董俊峰. 市场经济呼唤诚实守信[J].中共山西省委党校学报，2006(5): 51—52.

[148] 赵继伦，李焕青，孙友. 精神文明的时代审视[M]. 北京：人民出版社，2004: 22, 12.

[149] 闵家胤.人权和动物权[EB/OL].（2013-01-24）. https:// www.douban. com/note/259667732/? i=0089063Mv ZRiy.

[150] 马克思恩格斯全集:第42卷[M]. 北京：人民出版社，1972: 368.

[152] 张耀灿，陈万柏. 思想政治教育学原理[M]. 北京：高等教育出版社，2001: 4.

[153] 晏辉. 关于社会评价的几个问题[M].西安：人文杂志，2001(6): 3—40.

[154] 陈新汉. 自我评价活动论纲[J].北京师范大学学报（社会科学版），2007(1): 98—106.

[155] 韩震. 非理性主义的批判[J]. 北京师范大学学报（社会科学版），1996(5): 20—27.

[156] 李素霞. 交往合理性探微[J]. 道德与文明，2004(4): 35—38.

后 记

　　此著作是本人在博士论文基础上完成的。时间飞逝，回想博士研究生期间的学习生活，既难忘又充实，给我的人生留下了宝贵的财富。我的大学本科和博士研究生都毕业于东北师范大学，深深感谢东北师范大学对我的培养，是母校使我羽翼丰满，让我在这里起飞，去实现自己心中的梦想。无论何时，我都不会忘记，我是东师的一员；无论走到哪里，我都会以东师的精神，拼搏进取！

　　如今不惑之年，事业、生活也踏上人生新旅，回首昨天，历历在目。任何成功都伴随着艰辛，但回味起来总是甜的。在我攻读博士学位的这几年里，无论是欢笑，还是泪水，总有很多人在支持我、关心我，他们为我付出了很多。在这里首先要感谢的是我的导师、恩师赵继伦教授，您为我倾注了很多心血，您博学、敏思、睿智、缜密、豁达的人格魅力，始终让我敬仰。同时，还要感谢马克思主义研究院的老师对我的培养，感谢同门师兄师姐对我的帮助，感谢博士校友对我的关心，你们曾给我带来很多欢乐。感谢我的爱人苗海斌、女儿苗新岳、公婆、父母和我的同窗姐妹李雅君、姜荣华、林丹，你们都是我的家人，在我最需要的时候给了我太多感动。

　　时至今日，这部凝结多年心血和情感的著作有机会出版，我倍感珍惜。感谢吉林大学出版社在本书出版过程中给予的指导和支持，感谢内蒙古警察职业学院我的单位对我的培养和支持，由衷感谢苏和生、李永林、邢轶清、郭志忠、刘伟、哈布日、包红颖等学院领导的鼓励和支持，你们既是我的领导，更是我的师长，我会以你们为榜样，用学术的光，照亮奋进的路。感恩学院，这里已经成为我的精神家园。

最后，请允许我再次对所有帮助、关心过我的人说声感谢！我会加倍努力工作、不断学习钻研来回报你们的爱。我快乐，也希望我能给周围的人带来快乐；我幸福，也祝愿大家幸福！

本人水平有限，不足之处，敬请批评指正。

于2023.10.25